Wie ist das mit der Liebe?

Fragen und Antworten zur Aufklärung
für Kinder ab 9

Sanderijn van der Doef

Wie ist das mit der Liebe?

Fragen und Antworten zur Aufklärung für Kinder ab 9

Mit Illustrationen von Marian Latour

Loewe

Für Jesse, Yara und Micha
(SvdD)

FSC www.fsc.org MIX Papier | Fördert gute Waldnutzung FSC® C018236

Klimaneutral Druckprodukt ClimatePartner.com/18521-2202-1001

ISBN 978-3-7855-7593-2
5. Auflage 2022
Die Originalausgabe wurde unter dem Titel
Ben jij ook op mij? von Uitgeverij Ploegsma bv, Amsterdam,
veröffentlicht.

Aus dem Niederländischen übersetzt von Marlene Müller-Haas
Umschlagillustration: Marian Latour
Umschlaggestaltung: Elke Kohlmann
Printed in the EU

www.loewe-verlag.de

Inhalt

Einleitung

Dieses Buch über Sex ist für dich geschrieben. Falls du nicht genau weißt, was Sex eigentlich ist, kannst du das hier nachlesen. Es handelt vom Verliebtsein, Küssen, sich Lieben und vom Kindermachen.

Und von den Erwachsenen: von kleinen, großen, dicken, dünnen, aber hauptsächlich nackten Menschen. Du musst das Buch nicht in einem Zug lesen. Du kannst auch ab und zu ein Stückchen lesen oder nur die Bilder anschauen. Vielleicht magst du das lieber alleine tun, aber es macht auch Spaß, es mit deiner Mutter oder deinem Vater durchzublättern. Manchmal können Väter oder Mütter nämlich noch ein bisschen mehr erzählen. Zum Beispiel, wie sie sich verliebt haben, oder Dinge, von denen sie meinen, dass du sie gern wissen möchtest.

Dieses Buch wurde auch gemacht, damit du entdecken kannst, dass Sex nichts Seltsames oder Ekliges ist, sondern vor allem Spaß macht und etwas ganz Tolles ist. Dass du dich dabei pudelwohl fühlen kannst.

Was ist Sex?

Denkst du vielleicht, Sex ist nur was für Große? Nein, natürlich nicht. Sex ist für alle da. Für große und kleine Menschen, für dicke und dünne Menschen. Für alte Menschen und auch für junge, wie für dich.

Aber was ist eigentlich Sex?

Sex ist schwer zu erklären, aber es hat mit einem besonderen Gefühl zu tun. Es ist ein gutes, ein tolles und zugleich ein richtig wohliges Gefühl. Dieses Gefühl kannst du auf ganz verschiedene Weisen bekommen. Zum Beispiel, wenn du deinen Körper an bestimmten Stellen streichelst. Oder wenn du eine Geburtstagskarte kriegst, mit vielen Herzchen drauf. Oder wenn du deinen Freund anguckst, wenn er ganz nackt ist. Oder wenn ihr Händchen haltet oder euch gegenseitig an geheimen Stellen des Körpers berührt. Oder wenn einer in deiner Klasse zu dir sagt: „Ich steh auf dich, stehst du auch auf mich?“

Du kannst dieses wohlige Gefühl auch spüren, wenn du abends im Bett von einem Mädchen aus der Sportgruppe träumst. Oder wenn du zu einem netten Jungen oder Mädchen hinsiehst und er oder sie zurückguckt und dir zulacht.

Für große Menschen ist Sex noch viel mehr. Für sie heißt das, sich küssen und sich lieben. Davon kriegen sie auch dieses herrliche Gefühl.

An einigen Stellen ist es besonders schön, sich zu berühren. Bist du dir schon mal mit den Fingern ganz zart über den nackten Arm gefahren? Das fühlt sich so gut an, dass man davon eine richtige Gänsehaut kriegt. Weißt du, was auch toll ist? Wenn deine Mutter dir sanft über den nackten Rücken streicht, wenn sie dich mit Sonnencreme einreibt oder es dich dort ein bisschen juckt.

Du kannst an ganz vielen Stellen deines Körpers tolle Gefühle spüren. Es ist schön, die Fußsohlen zu kitzeln, den Kopf zu kraulen oder sich in der Wanne

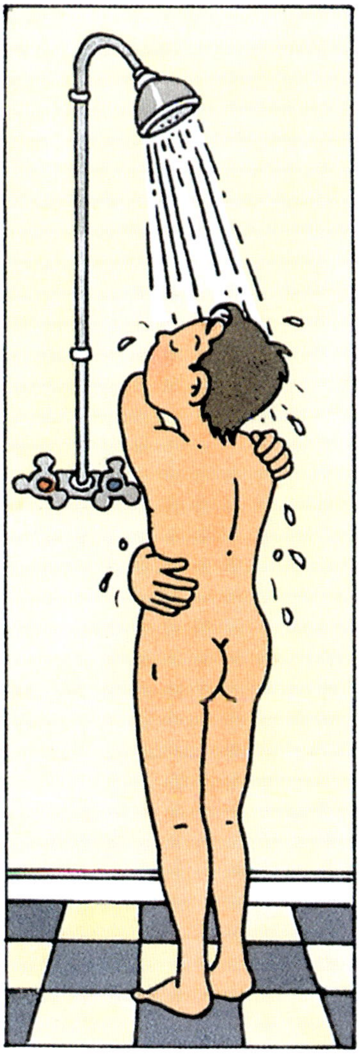

mit Seife einzureiben. Für einen Jungen ist es super, über den Penis zu reiben. Ein Mädchen kann ein wohliges Gefühl bekommen, wenn sie sich zwischen den Beinen sanft an der Vulva kitzelt. Alle Leute genießen es, sich an bestimmten Stellen anzufassen oder zu streicheln. Das ist völlig normal. Kinder machen es und Große auch.

Aber nicht jeder findet das normal. Manche Menschen finden es komisch und sie möchten nicht, dass du dich kitzelst oder streichelst. Sie werden böse, wenn du dir an den Penis fasst oder mit der Hand zwischen die Beine. Manchmal sagen sie sogar, das wäre eklig. Eigentlich ulkig, denn es ist ganz normal. Es ist ja dein Körper. Und es ist überhaupt nicht eklig oder ulkig, den eigenen Körper zu berühren.

Weil es Leute gibt, die das stört, lässt man es besser, wenn andere dabei sind. Schließlich bohrt man sich in Gesellschaft ja auch nicht in der Nase. Du kannst es tun, wenn du allein in deinem Zimmer bist, im Bett, unter der Dusche oder in der Badewanne.

Den nackten Körper an all den schönen Stellen anzufassen, könnte man Sex mit sich selber nennen.

Sex mit anderen geht auch. Zum Beispiel jemanden ansehen, weil er so hübsche Augen oder einen tollen Hintern hat. Sich gegenseitig anfassen und überall kitzeln. Das macht dir Spaß und dem anderen auch. Wenn ihr euch anfasst, kitzelt oder streichelt, ist es aber nur schön, wenn ihr es beide wollt. Mit dem Körper eines anderen etwas tun, was sie oder er nicht mochte, ist nicht nett und macht keine schönen Gefühle. Bei dir darf das auch niemand, denn dein Körper gehört dir und ist etwas ganz Besonderes. Darüber bestimmst nur du allein.

Ich liebe dich, liebst du mich auch?

Weißt du, was lieben ist? Jemanden ganz doll lieb zu haben. Du liebst deine Mutter und deine Mutter liebt dich. Sie liebt dich sogar noch, wenn sie wütend auf dich ist. Du kannst auch deinen Hamster lieben, deine Katze, deinen Hund oder dein Kaninchen. Und natürlich auch dein Kuscheltier oder deine Puppe. „Lieben" ist ein ganz besonderes Gefühl.

Verliebt sein ist ein bisschen wie Lieben, aber doch noch anders. Wenn du verliebt bist, ist der andere für dich das Wichtigste auf der Welt. Und eigentlich willst du immer nur in seiner Nähe sein. Du bist überglücklich, wenn der andere nett zu dir ist.

Manche Leute nennen das „Schmetterlinge im Bauch". Das ist nur so ein Gefühl, denn du hast natürlich keine echten Schmetterlinge im Bauch. Aber wenn man verliebt ist, kann es passieren, dass man keinen Bissen mehr runterkriegt oder einem die Knie weich werden, wenn man den anderen sieht. Du kannst auch ganz nervös werden, wenn du verliebt bist. Denn du weißt ja nicht, ob der Junge oder das Mädchen dich auch so nett findet. Und du kannst sogar unheimlich unglücklich sein, wenn du hörst, dass er oder sie nicht in dich verliebt ist.

Wenn man verliebt ist, achtet man mehr aufeinander. Was der andere tut oder was er sagt. Du musst dauernd zu ihm hinschauen, weil du den anderen so schön findest. Manchmal schreibst du Briefe oder ihr ruft euch an, um miteinander zu reden. Du machst ein schönes Gedicht oder ein tolles Bild für denjenigen, in den du verliebt bist, oder

du verschenkst was Hübsches. Manchmal spürst du, dass du ein ganz besonderes Gefühl kriegst, wenn ihr euch anfasst. Dann wollt ihr eng beieinandersitzen oder euch an den Händen halten. Oder ihr wollt den anderen küssen. Wenn ihr euch anfasst oder küsst, kann das verliebte Gefühl noch stärker werden.

Wenn ihr beide ineinander verliebt seid, und ihr habt es euch auch gesagt, nennt man das „miteinander gehen". Manchmal erzählst du es weiter, manchmal aber auch nicht, weil du nicht möchtest, dass deine Klassenkameraden davon erfahren. Wenn man mit jemandem geht, lässt man ihn oder sie nicht im Stich, man ärgert sich nicht gegenseitig und passt auf, dass die anderen den Freund oder die Freundin nicht triezen. Man kann sich vertrauen, weil man weiß, dass der andere nicht über einen lacht.

Wenn Erwachsene miteinander gehen, dann gehen sie zusammen aus. Sie wollen einfach oft zusammen sein und manchmal wollen sie miteinander schmusen.

Jeder kann sich verlieben. Väter, Mütter, Opas, Omas. Große Kinder und kleine Kinder. Warst du schon mal verliebt in deine Lehrerin oder deinen Lehrer? In deine Mutter oder deinen besten Freund? So verliebt sich nämlich ein kleines Kind. Du willst dann später den Vater oder die Mutter oder den Lehrer heiraten.

Wenn du älter wirst, verliebst du dich in jemanden in deinem Alter. Das kann ein Junge oder ein Mädchen sein. Ein Junge kann sich natürlich auch in einen anderen

Jungen verlieben. Und ein Mädchen genauso in ein anderes Mädchen. Das kommt vor.

Tiere können sich auch verlieben. Schau dich doch im Frühling mal um. Vielleicht siehst du dann zwei Tauben miteinander schnäbeln. Das sind Turteltauben. So nennt man auch verliebte Menschen.

Wenn du jemanden sehr nett findest, möchtest du gern wissen, ob er dich auch mag. Du kannst natürlich einfach hingehen und sagen, dass du ihn oder sie toll findest. Aber das trauen sich nicht alle Kinder (und auch nicht alle Großen). Du kannst es zeigen, indem du besonders nett bist, Briefe schreibst oder deine

Freundinnen oder Freunde ausfragst, was er oder sie von dir hält. Du kannst natürlich auch einfach abwarten. Manchmal ist es ganz schön schwer, verliebt zu sein, weil du plötzlich verlegen wirst, wenn der andere in der Nähe ist. Du hast Angst, rot zu werden oder zu stottern.

Im Fernsehen sieht man, was Große tun, wenn sie verliebt sind oder miteinander gehen wollen. In Wirklichkeit läuft das meistens ganz anders ab. Aber es macht schon Spaß, es sich mal anzuschauen.

Küssen

Alle Menschen küssen. Es fängt schon an, wenn du noch ganz klein bist. Weil du jemanden nett oder lieb findest, oder weil du einen Kuss gibst, um dich zu bedanken. Es gibt ganz unterschiedliche Küsse. Denk nur an den Gutenachtkuss von Vater oder Mutter. Oder an die nassen Küsse, die Opa oder Oma, die Tante oder der Onkel dir manchmal geben, wenn sie zu Besuch kommen. Du kannst einem Hund oder einer Katze einen Kuss geben und dann schlabbert eine nasse Zunge über deine Wange. Es gibt Babyküsse, bei denen nur die Lippen die Wange des anderen berühren, ganz ohne Kussgeräusch. Und Schmatzer, du weißt schon, diese herrlich festen Küsse, die so schön knallen.

Man kann aber auch jemanden küssen, in den man verliebt ist. Zuerst sind es Küsse auf die Wange eines anderen. Je älter du wirst, desto öfter möchtest du küssen, am liebsten auf den Mund. Dabei spürst du gleich so ein verliebtes Gefühl. Später gibst du auch Zungenküsse. Ihr küsst euch auf den Mund und öffnet ihn dabei.

Mit den Lippen aufeinander sucht deine Zunge die andere. Und dann spielen eure Zungen miteinander und lecken sich gegenseitig.

Weißt du eigentlich, wie sich verliebte Eskimos küssen? Sie reiben ganz zärtlich die Nasenspitzen aneinander. Davon kriegen die Eskimos ein prickelndes Gefühl.

Jungen und Mädchen

Was ist der Unterschied zwischen Jungen und Mädchen? Sie sehen anders aus und sie sind anders, wirst du vielleicht sagen. Sind sie wirklich so anders? Manche Leute sagen, Jungen sind stark und Mädchen schwach. Oder Jungen sind Draufgänger und Mädchen verlegen. Jungen raufen viel und Mädchen kichern dauernd.

Aber stimmt das denn wirklich? Wenn du dich mal umschaust, siehst du, dass Jungen oft überhaupt nicht so stark sind, dass sie verlegen sind, nicht raufen und mit ihren Freunden kichern. Und es gibt auch viele Mädchen, die stark sind, draufgängerisch, und die raufen können. Nicht jeder Junge und jedes Mädchen verhält sich gleich. Auch wenn es in deiner Klasse ein paar Jungen gibt, die groß und stark sind – deshalb sind Jungen noch lange nicht besser als Mädchen. Und wenn in deiner Klasse ein paar Mädchen sitzen, die prima Noten kriegen – deshalb sind Mädchen noch lange nicht schlauer als Jungen. Jeder hat seine guten und weniger guten Seiten.

Jungen und Mädchen erkennt man an der Kleidung, sagen manche Leute. Schau dir nur mal die Jungen an, die tragen immer Hosen und Sportschuhe und haben kurze Haare. Schau dir nur mal die Mädchen an, die tragen Röcke und Schmuck und haben lange Haare. Stimmt's? Nein, stimmt nicht. Mach mal die Augen auf und sieh dich um! Es gibt

eine Menge Jungen mit langen Haaren und Ohrringen. Und es gibt viele Mädchen, die Hosen tragen oder kurze Haare haben. An der Kleidung kannst du also nicht immer den Unterschied zwischen Jungen und Mädchen erkennen.

Den größten Unterschied zwischen ihnen sieht man nämlich erst, wenn sie nackt sind.

Jungen haben einen Penis und unter dem Penis hängt ein Sack mit zwei Kugeln drin. Für den Penis hat man sich schon viele Namen ausgedacht, zum Beispiel Schwanz oder Pimmel. Du kennst garantiert auch ein paar. Wenn Leute es

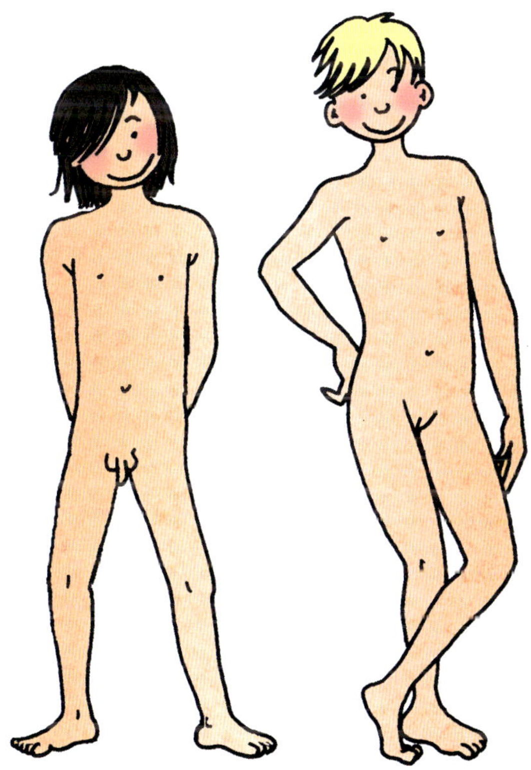

ganz fein sagen wollen, sprechen sie vom „Glied". Jeder Penis sieht anders aus. Der eine ist kurz, der andere lang. Es gibt dicke Penisse und dünne Penisse. Gerade, aber auch krumme. Das Ende des Penis ist ein bisschen kugelig und heißt Eichel. Es sieht rund und glatt aus und ist beim Berühren sehr empfindlich. Ganz oben auf der Eichel ist eine kleine Öffnung. Dort kommt der Urin heraus. Bei den meisten Jungen verbirgt sich die Eichel unter einem Häutchen. Dieses Häutchen heißt Vor-haut.

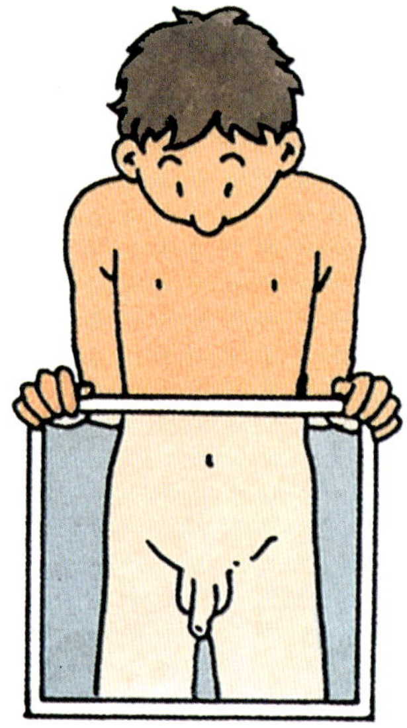

Manchmal kann man die Vorhaut ein Stückchen zurückziehen und dann sieht man die Eichel. Wenn das Zurückziehen der Vorhaut ein bisschen wehtut, musst du damit aufhören. Du könntest dabei etwas beschädigen. Bald wird sich die Vorhaut ohne Schmerz ganz leicht über die Eichel ziehen lassen.

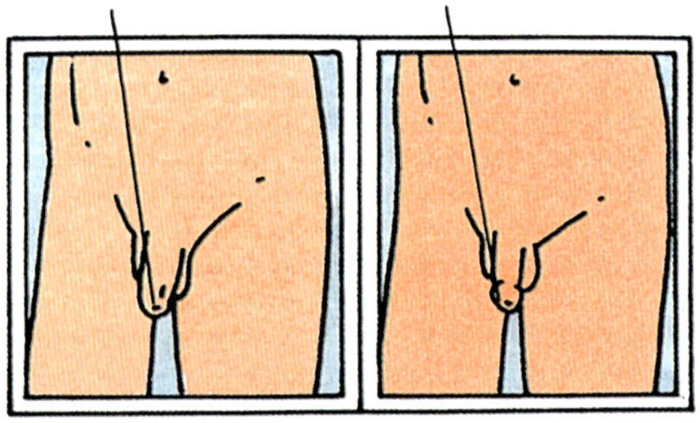

Bei manchen Jungen ist die Eichel immer sichtbar, weil bei ihnen als Baby oder Kleinkind die Vorhaut von einem Arzt (unter Betäubung) weggemacht wurde. Das nennt man Beschneidung. Man sieht es bei jüdischen oder muslimischen Jungen und bei Jungen, die aus einem Land kommen, wo die Beschneidung ganz üblich ist, wie in Marokko, der Türkei oder den USA.

Wenn du ein nacktes Mädchen anschaust, siehst du auf den ersten Blick wenig. Nur unten an ihrem Bauch eine kleine Spalte. Man könnte meinen, das wäre alles. Aber wenn man diese Spalte auseinanderzieht, sieht man, dass darunter noch ziemlich viel verborgen ist. Die Hautfalten rechts und links von der Spalte heißen Schamlippen. Ein komisches Wort, nicht wahr? Vielleicht dachten die Leute, die das Wort erfunden haben, dass diese Spalte wie ein Mund mit zwei Lippen aussieht. Eigentlich sind es die äußeren Schamlippen, denn wenn man die aufmacht, sieht man noch zwei kleine Hautfalten. Die heißen innere Schamlippen. Man kann auch große und kleine Schamlippen dazu sagen.

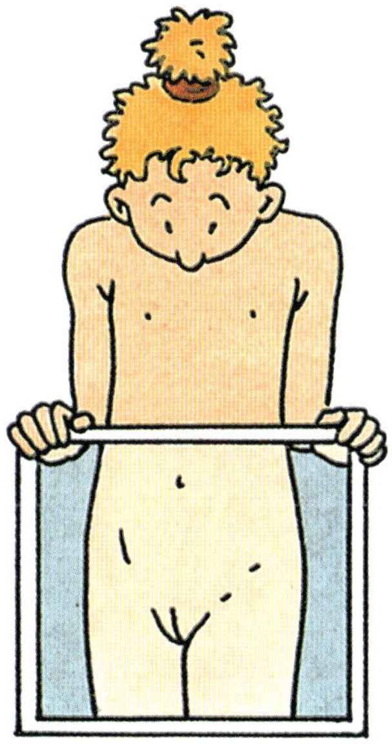

Zwischen den inneren Schamlippen sind zwei Öffnungen. Die obere ist ein winzig kleines Loch, das man fast nicht sehen kann. Das ist die Harnröhre, das Pipiloch, aus dem der Urin kommt. Darunter ist eine größere Öffnung. Das ist der Eingang zur Vagina. Für sie gibt es auch jede Menge anderer Wörter, zum Beispiel Scheide oder Muschi. Kennst du noch ein paar? Sie ist eine kleine Höhle, deren Wände aneinanderliegen. Sie können aber auch ganz leicht auseinandergehen.

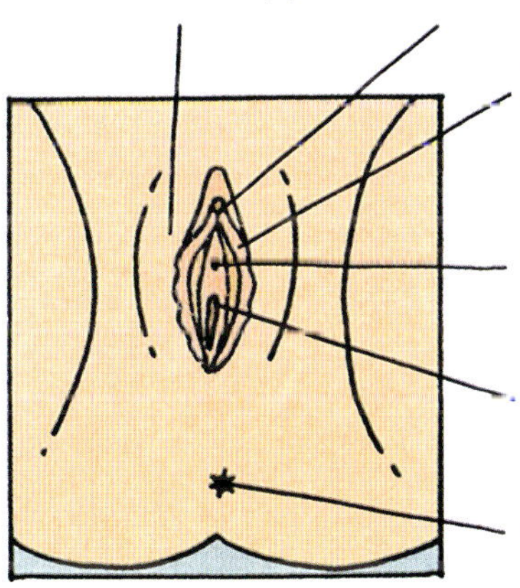

Schließlich siehst du zwischen den äußeren Schamlippen, über der Harnröhre, noch einen kleinen Hügel. Das ist der sichtbare Teil der Klitoris, der auch Kitzler genannt wird. Wenn du die Klitoris berührst, merkst du, dass sie sehr empfindlich ist. Und wenn du ganz vorsichtig darüber reibst, gibt das ein wohliges Gefühl. Mädchen können sich ihre Geschlechtsteile sehr gut mit einem Spiegel angucken.

Jetzt weißt du genau, was der Unterschied zwischen einem Jungen und einem Mädchen ist. Aber wozu ist dieser Unterschied da? Warum gibt es denn überhaupt Penisse und Vaginas? Weil beide für das Entstehen eines neuen Kindes notwendig sind.
Ohne den Penis deines Vaters und die Vagina deiner Mutter hätte es dich nämlich nie gegeben.

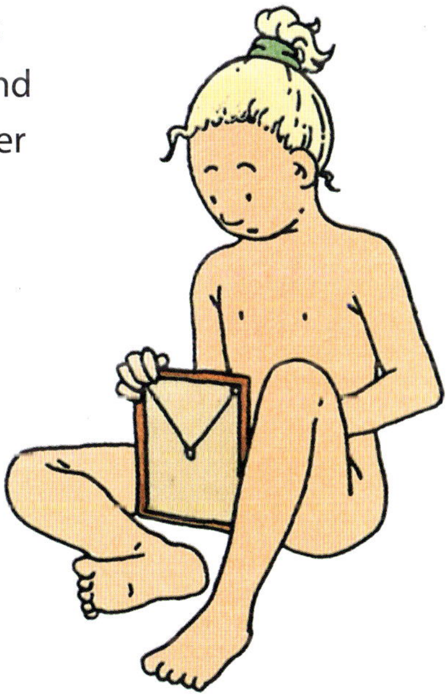

Und dann wirst du größer ...

Wenn du ungefähr zehn bist, bei manchen Kindern auch ein bisschen früher oder später, fängt dein Körper an, sich ziemlich stark zu verändern. Er wird langsam, aber sicher zu einem erwachsenen Körper. Wie der deines Vaters oder deiner Mutter.

Nicht jeder Erwachsene sieht wie der andere aus. Der Körper verändert sich auch noch, wenn du schon erwachsen bist. Junge Menschen sehen anders aus als alte, und dicke Menschen anders als dünne.

Was verändert sich am Körper eines Mädchens?

Mädchen verändern sich früher als die meisten Jungen. Mit ungefähr neun Jahren spüren viele Mädchen, dass ihre Brüste zu wachsen beginnen.

Zuerst werden die Brustwarzen ein wenig größer und dunkler. Dann werden deine Brüste langsam ein bisschen

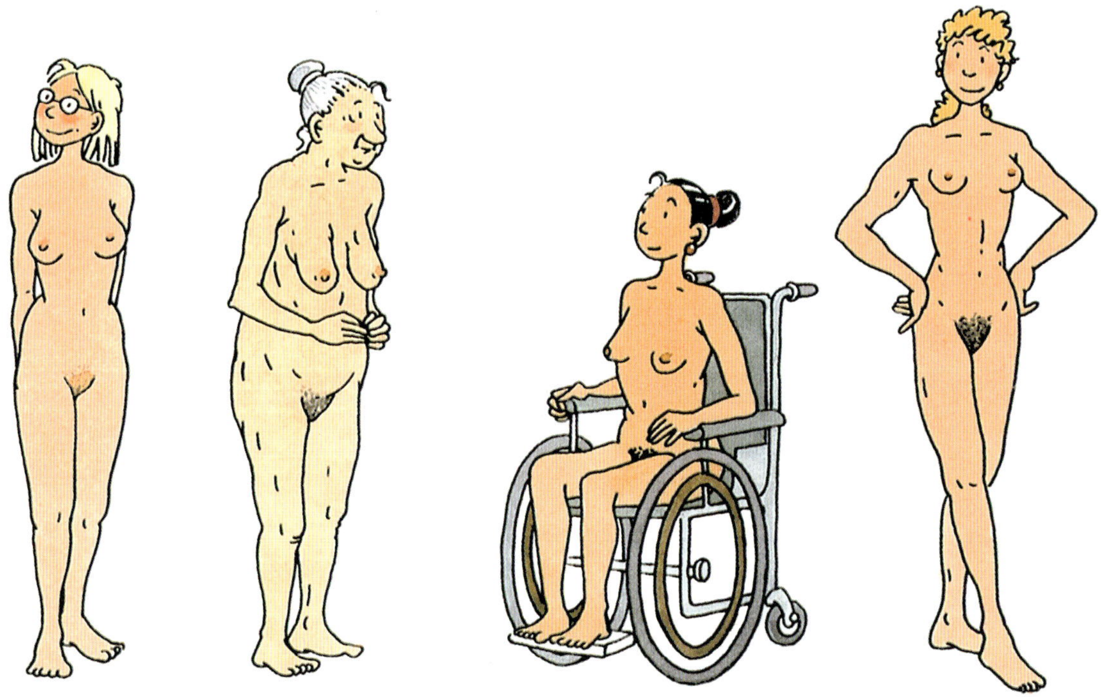

runder. Das kannst du nicht nur sehen, sondern auch spüren, denn sie sind manchmal ein bisschen härter und spannen. Es tut weh, wenn man dagegenstößt.

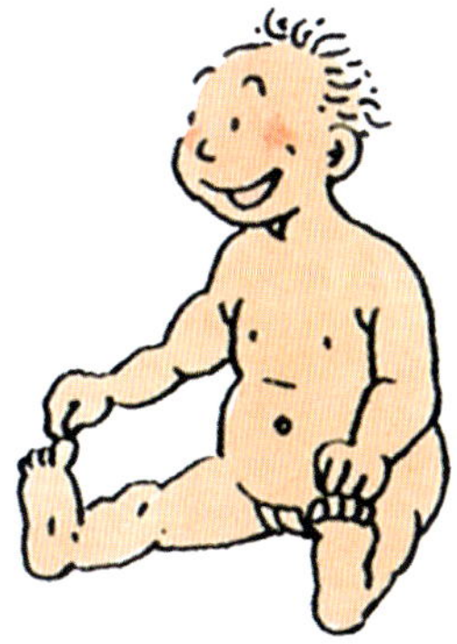

Die inneren Schamlippen wachsen und werden sogar länger als die äußeren. Du siehst, dass du auf und um die Schamlippen Haare bekommst. Am Anfang sind die Härchen noch ganz weich, später werden sie ein bisschen kräftiger. Kurz danach wachsen dir auch Haare unter den Achseln. Durch diese Haare bleibt der Schweiß, den du verlierst, etwas länger kleben und riecht manchmal unangenehm. Wenn du dich jeden Tag wäschst, ist das aber gar nicht so schlimm.

Du entdeckst, dass deine Hüften, dein Hintern und deine Oberschenkel ein bisschen runder werden. Das sieht sehr hübsch aus, auch wenn du selbst es vielleicht nicht so schön findest. Und manche Mädchen kriegen Pickel im Gesicht. Du kannst auch von etwas oder von jemandem erregt werden, dann spürst du ein ganz besonderes Gefühl in der Vagina. Wenn du die Klitoris berührst, merkst du, dass sie sehr empfindlich ist. Wenn du sanft darüber reibst, weil dir das Gefühl gefällt, nennt man das masturbieren oder sich selbst befriedigen. Das tun viele

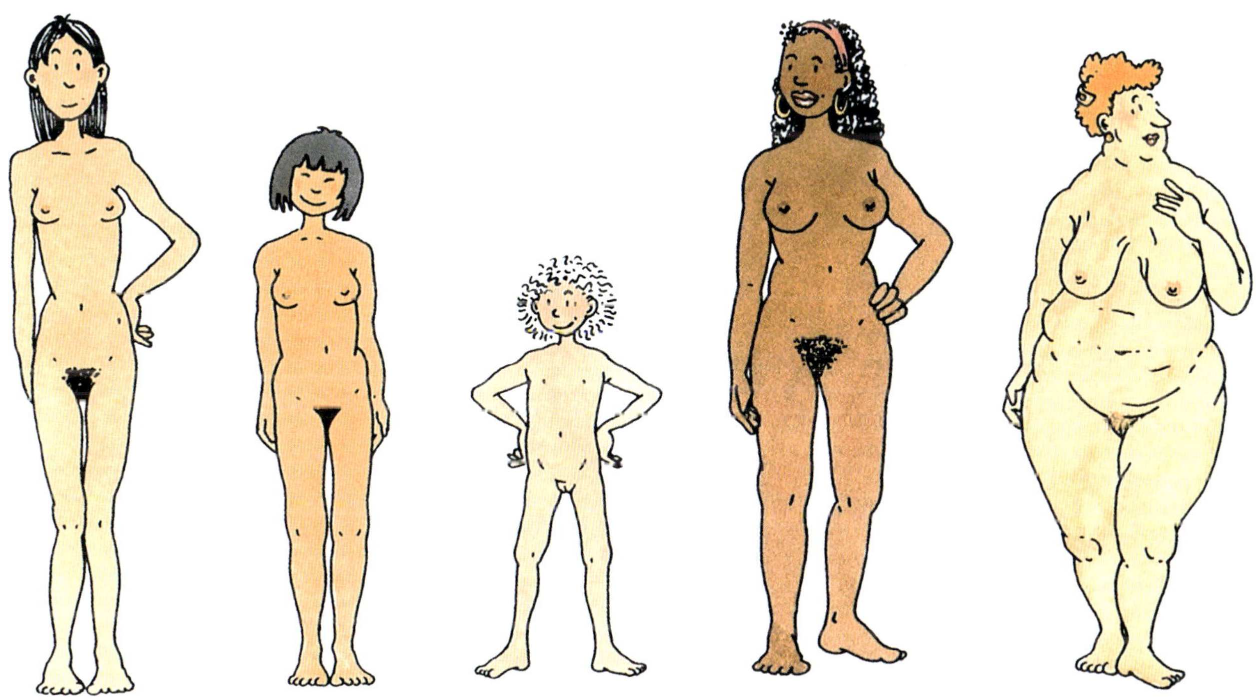

Mädchen und es ist gar nichts Ungewöhnliches dabei. Du kannst dabei auch einen Orgasmus bekommen. Das ist ein ganz spezielles Gefühl, das man nur schwer erklären kann. Auf jeden Fall ist es ein ganz wohliges und sehr schönes Gefühl.

Dein Körper verändert sich nicht nur äußerlich, sondern auch in dir drin passiert eine ganze Menge. Um deinen zwölften Geburtstag herum geschieht etwas sehr Wichtiges: Ein Mädchen bekommt zum ersten Mal seine Regel. Was passiert dabei denn nun genau?

Im Bauch jedes Mädchens gibt es von Geburt an verschiedene Organe, die dafür

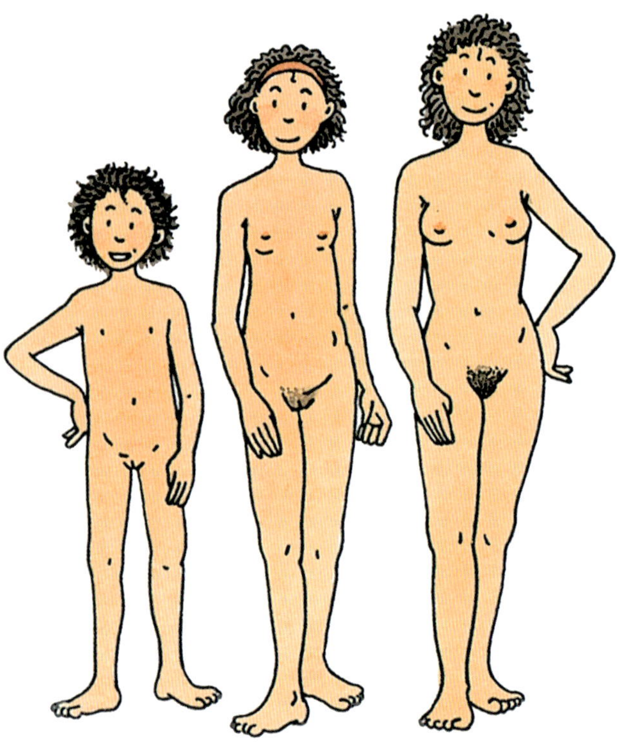

sorgen, dass es später einmal Kinder bekommen kann. Unten in ihrem Bauch ist so eine Art kleine Höhle, die bei Mädchen so groß wie eine dicke Erdbeere ist und die Gebärmutter heißt.

Unten an der Gebärmutter ist eine kleine Öffnung, die zur Vagina führt. Oben an der Gebärmutter sitzen rechts und links zwei dünne Röhrchen, das sind die Eileiter. Sie enden in einer Art Traube mit Hunderttausenden von winzig kleinen Eizellen. Das sind die beiden Eierstöcke.

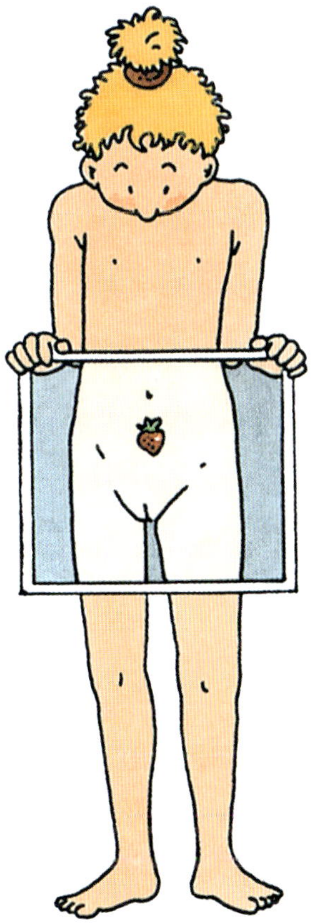

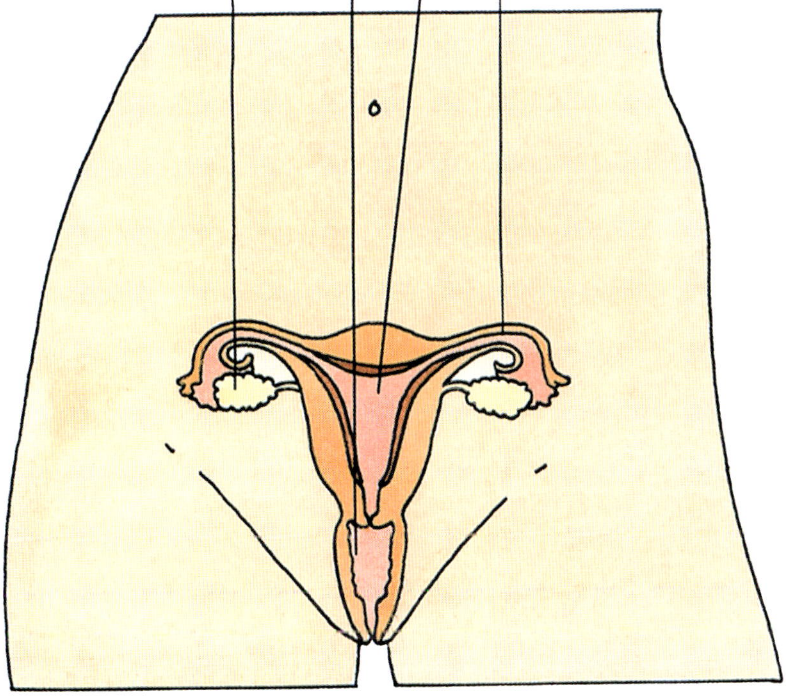

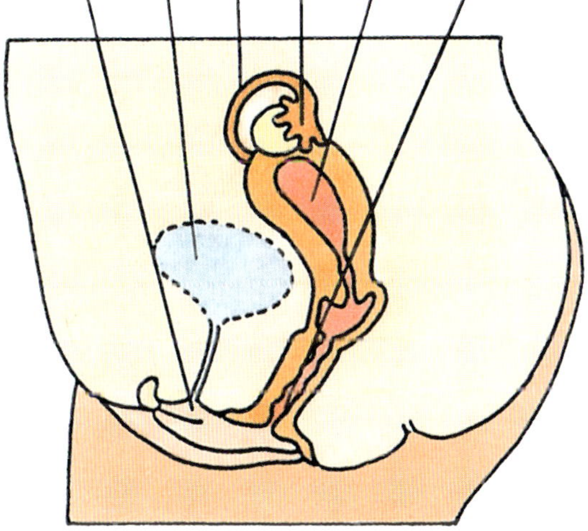

Die Eizellen müssen erst noch reifen. Die „unreifen" Eizellen sind schon vor der Geburt da, es sind bestimmt zwei Millionen! Im Lauf der Jahre sterben aber ziemlich viele davon ab und verschwinden einfach aus deinem Körper. Wenn du ungefähr zwölf bist, sind noch etwa 300 000 übrig, von denen nur 500 reif werden, bis du fünfzig Jahre alt bist.

Bei einem ungefähr zwölfjährigen Mädchen reift zum ersten Mal in einem der Eierstöcke eine Eizelle heran. So eine Eizelle ist so winzig, dass man sie nicht mit dem bloßen Auge erkennen kann.

Wenn die Eizelle reif ist, löst sie sich aus dem Eierstock. Das nennt man „Eisprung". Die Eizelle wandert nun langsam durch den Eileiter zur Gebärmutter. Während dieser Reise kann die Eizelle durch die Samenzelle eines Mannes befruchtet werden.

Die Gebärmutter wird von innen mit einer neuen Schleimhaut ausgekleidet, um eine befruchtete Eizelle (ein entstehendes Kind) aufzunehmen.

Wenn die Eizelle aber nicht auf eine Samenzelle trifft, stirbt sie ab. Die Schleimhaut in der Gebärmutter (in der sich ein bisschen Schleim und Blut befindet) wird dann auch nicht mehr gebraucht. Sie verschwindet zusammen mit der Eizelle durch die Vagina aus dem Körper: Du hast deine Regel oder deine Tage.

Anfangs kommt deine Regel noch unregelmäßig, aber später kommt sie ungefähr alle vier Wochen. Wenn du deine Regel hast, kann man das auch Menstruation nennen. Ein paar Tage lang kommt dann ein bisschen Blut und Schleim aus deiner Vagina. Das musst du mit einer Monatsbinde in deinem Schlüpfer auffangen. Manche Mädchen oder Frauen verwenden statt einer Binde einen Tampon. Ein Tampon ist eine Art Binde, aber er sieht aus wie ein Stäbchen und wird in die Vagina gesteckt.

Manche Mädchen haben an den ersten Tagen ihrer Regel Bauchschmerzen, andere nicht. Manche Mädchen sind launisch, andere nicht. Mädchen mit Pickeln können noch mehr Pickel bekommen, wenn sie ihre Regel haben.

Die Menstruation setzt nicht bei jedem

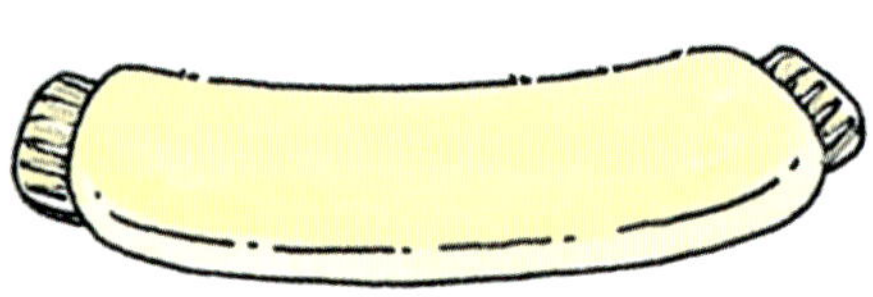

Monatsbinde

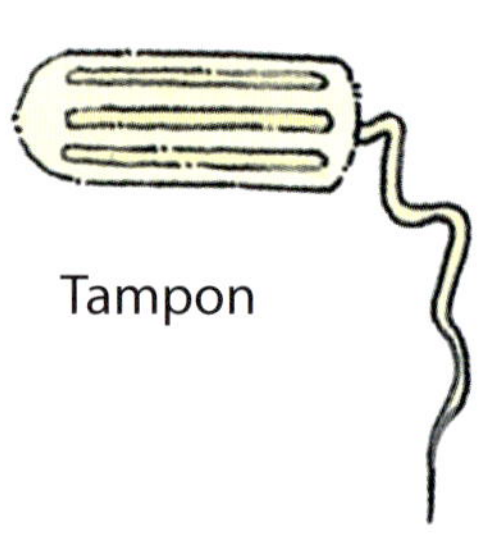

Tampon

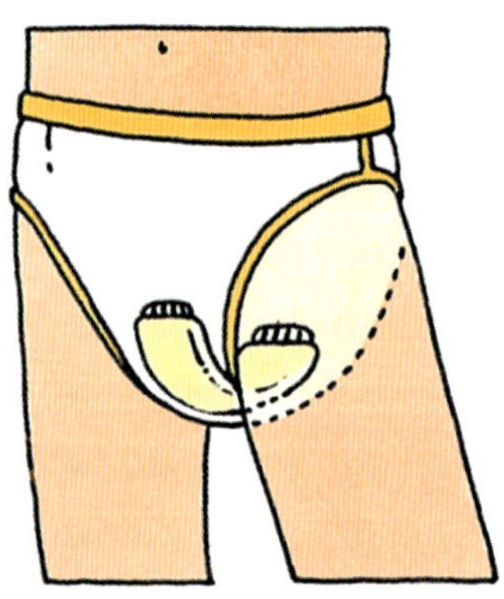

Die Binde kommt in den Schlüpfer.

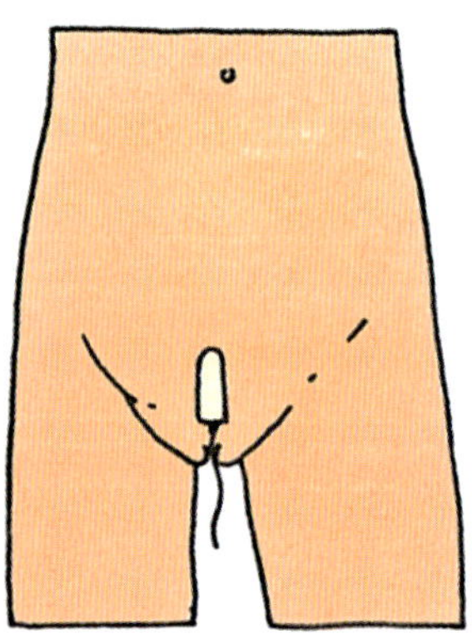

Einen Tampon steckst du in die Vagina.

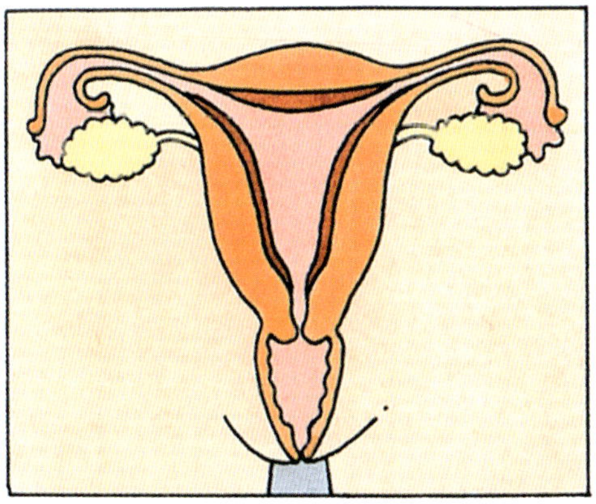

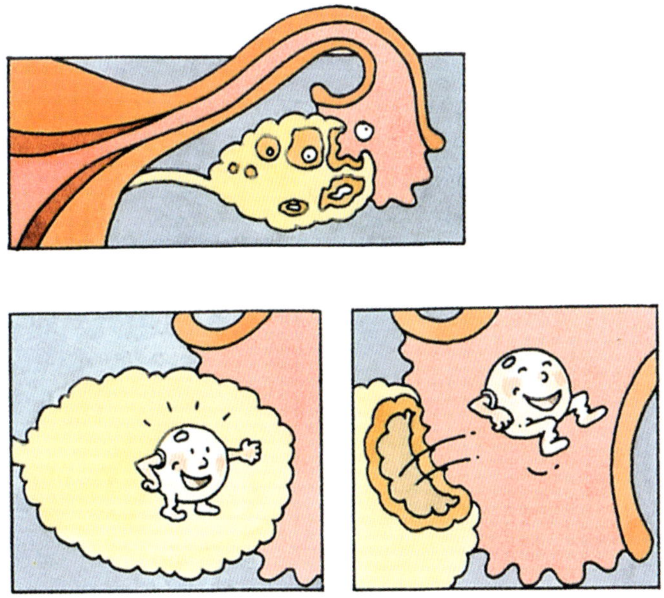

Wenn die Eizelle reif ist, löst sie sich aus dem Eierstock. Das heißt „Eisprung".

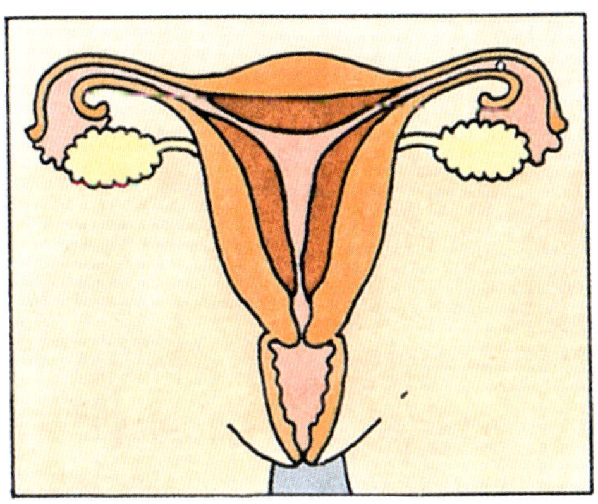

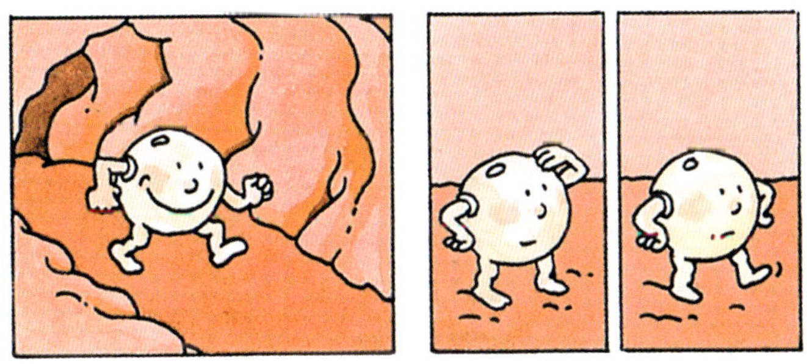

Die Eizelle gleitet langsam durch den Eileiter zur Gebärmutter. Während dieser Reise kann die Eizelle von der Samenzelle eines Mannes befruchtet werden.

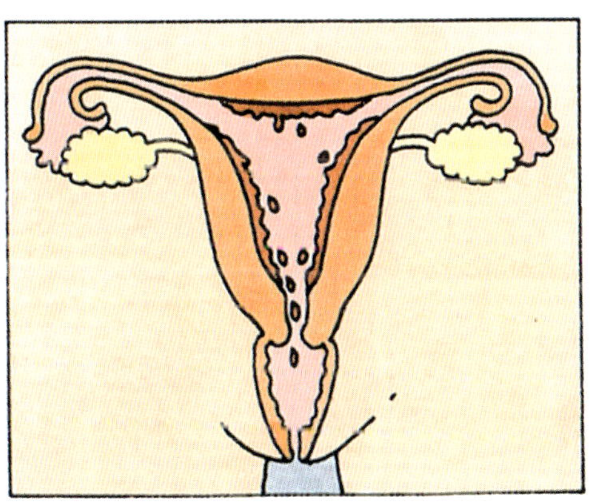

Wenn die Eizelle nicht auf eine Samenzelle trifft, stirbt sie ab. Die Schleimhaut an den Wänden der Gebärmutter wird auch nicht mehr gebraucht. Sie verschwindet zusammen mit der Eizelle durch die Vagina aus dem Körper: Du hast die Regel.

Mädchen mit zwölf ein. Es gibt welche, die mit neun zum ersten Mal ihre Tage haben, andere erst mit sechzehn.

In vielen Ländern, zum Beispiel in Indien und Afrika, wird die erste Menstruation gefeiert. Denn von diesem Moment an bist du fruchtbar. Das heißt, dein Körper kann ein Kind bekommen. Von jetzt an bist du richtig in der Pubertät. Dein Körper ist kein Kinderkörper mehr, sondern der Körper einer Frau.

Trotzdem fühlst du dich oft noch wie ein Kind. Du schläfst noch mit deinem Lieblingsteddy und möchtest am liebsten kuschelig bei deiner Mutter auf dem Schoß sitzen. Das ist komisch. Du fühlst dich wie ein Kind, aber dein Körper verändert sich in den einer Frau. Das macht dich unsicher. Du fauchst deine Eltern an, weil du meinst, dass sie deine Gefühle oft nicht verstehen.

Was verändert sich am Körper eines Jungen?

Die meisten Jungen verändern sich ein bisschen später als Mädchen. So ungefähr zwischen zehn und zwölf Jahren. Du wirst merken, dass alles an deinem Körper größer wird, manchmal langsam und dann wieder schneller. Deine Füße, Arme, Beine, dein ganzer Körper. Auch der Penis und die Hoden. Unter den Achseln entdeckst du die ersten Haare. Du schwitzt mehr und wenn du unter den Armen schwitzt, kann das ziemlich doll riechen. Du musst dich dann jeden Tag gut waschen.

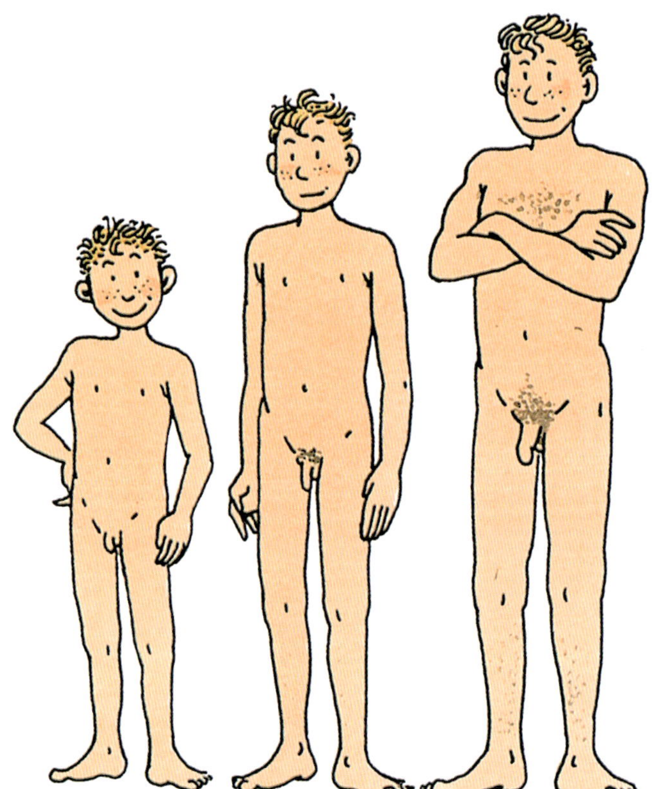

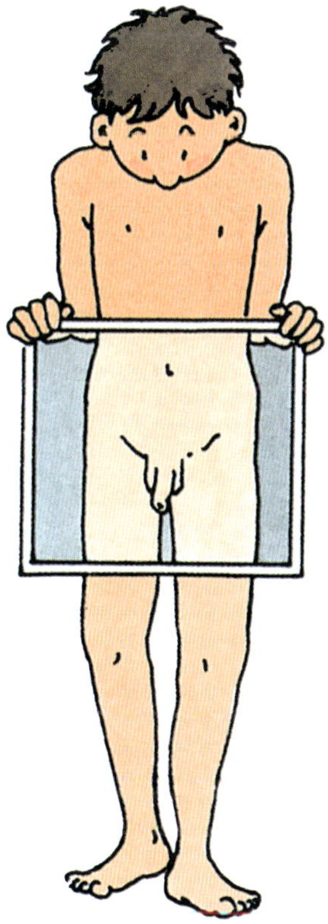

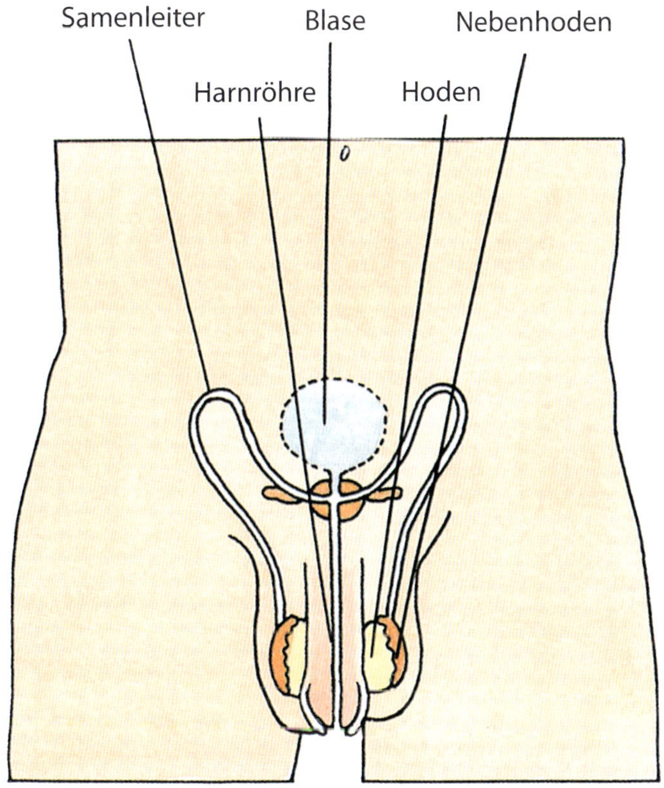

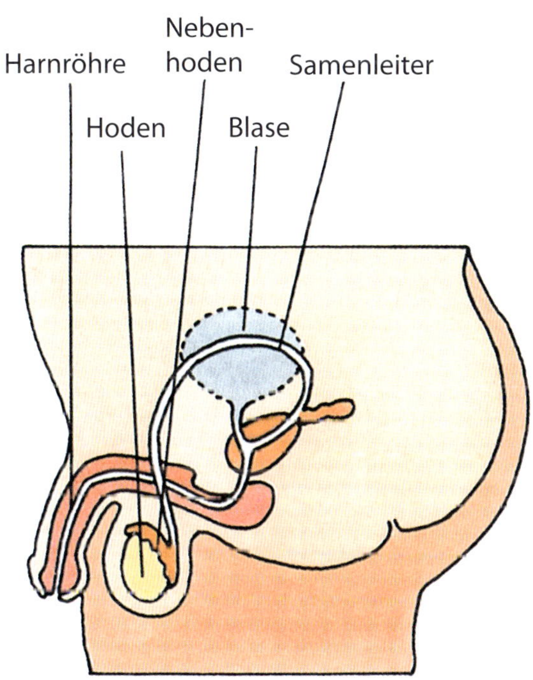

Nach ein paar Jahren wachsen dir auch die ersten Haare auf der Oberlippe (ein kleiner Schnurrbart) und auf den Wangen (ein bisschen Bart). Am Anfang sind sie noch daunenweich. Manche Jungen kriegen Pickel im Gesicht.

In dieser Zeit verändert sich auch deine Stimme. Manchmal klingt sie ein bisschen tiefer, dann schießt sie plötzlich wieder in die Höhe. Das kommt daher, dass deine Stimmbänder wachsen. Man nennt das auch Stimmbruch. Wenn deine Stimmbänder ausgewachsen sind, bleibt die Stimme tief. Aber das wird noch eine Weile dauern.

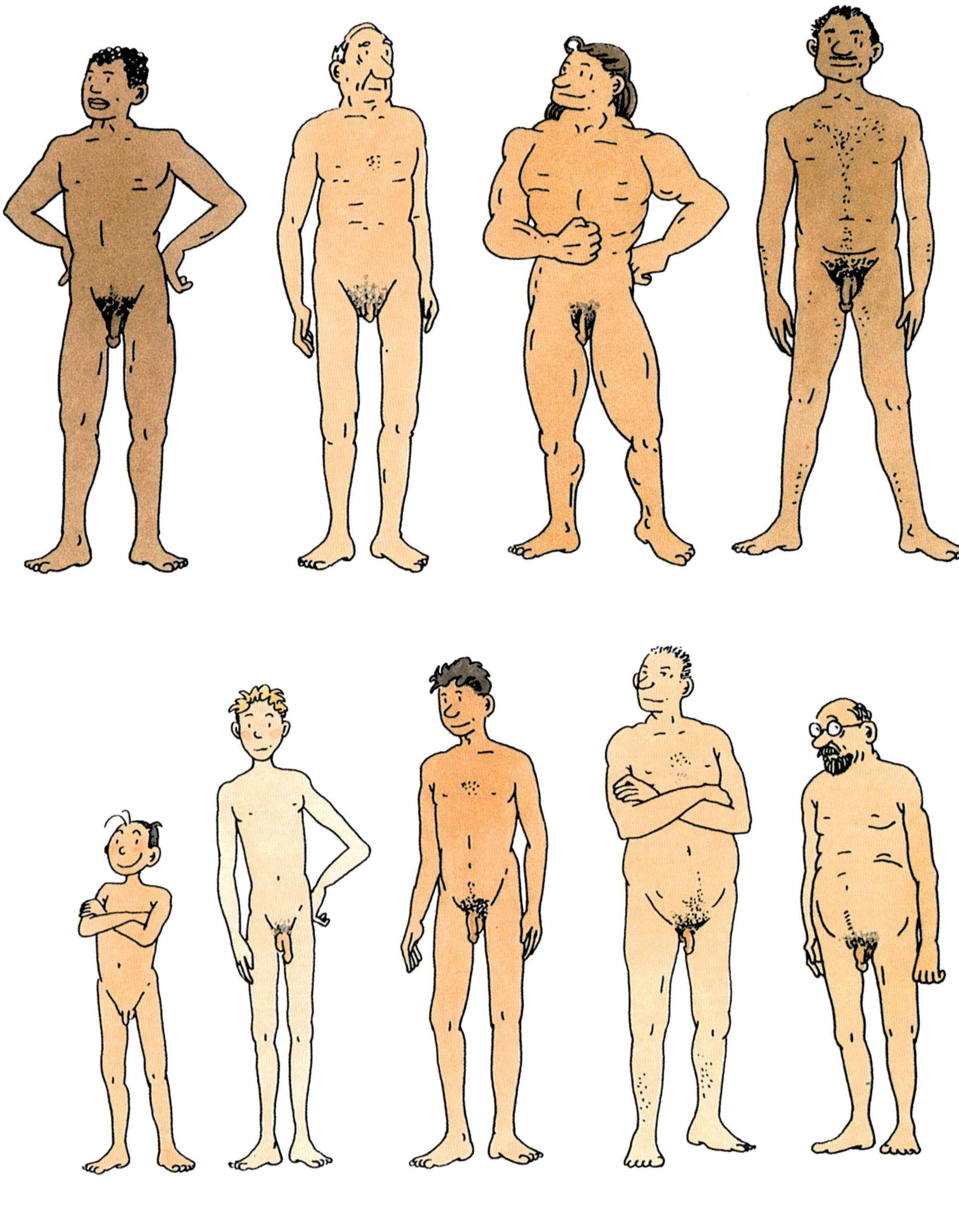

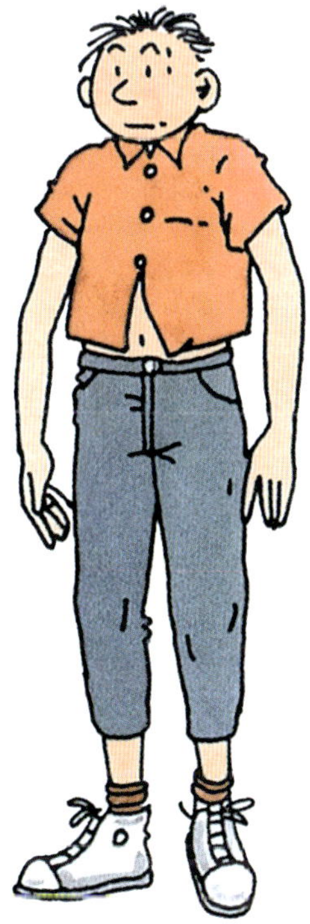

Ein Junge ist erst richtig in der Pubertät, wenn er seinen ersten Samenerguss bekommen hat. Dabei kommt zum ersten Mal Sperma aus seinem Penis.

Sperma ist eine weiße klebrige Flüssigkeit, in der Millionen winzig kleiner Samenzellen stecken.

Samenzellen werden zum ersten Mal produziert, wenn ein Junge zwischen dreizehn und fünfzehn Jahre alt ist. Jeden Tag werden in seinen Hoden neue hergestellt, Millionen und Abermillionen. Die Samenzellen brauchen zwei Monate, bis sie reif sind, und dann werden sie in den Nebenhoden gelagert.

Eines Tages (oder besser eines Nachts) kommen die Samenzellen aus dem Penis, zusammen mit dem Sperma. Die ersten Male passiert das nämlich nachts. Zuerst wird der Penis steif, das nennt man Erektion, und manchmal träumst du von etwas sehr Aufregendem. Dann kommt das Sperma aus dem steifen Penis. Beim Aufwachen merkst du, dass dein Bett ein bisschen nass ist. Es wird noch häufiger vorkommen und fast jedem Jungen passiert das nachts einmal. Man nennt so etwas auch „feuchte Träume".

Du kannst von etwas oder jemandem erregt werden und bekommst dann eine Erektion. Sogar dann, wenn dir das überhaupt nicht passt. Du kannst nämlich selbst gar nichts dagegen tun. Wenn du älter wirst, passiert das nicht mehr so häufig überraschend.

Von jetzt an kannst du auch einen Samenerguss bekommen, wenn du mit deinem Penis spielst oder ihn reibst. Das nennt man masturbieren oder sich selbst befriedigen.

Das tun viele Jungen. Es ist ein sehr angenehmes Gefühl. Über das Masturbieren werden oft merkwürdige Dinge erzählt, als wäre es etwas Unanständiges. Aber sich selbst zu befriedigen, ist nicht merkwürdig oder ungewöhnlich und du bist wirklich nicht der Einzige, der es tut.

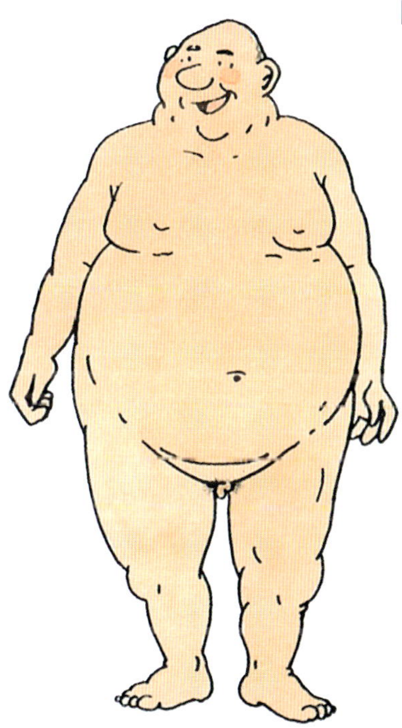

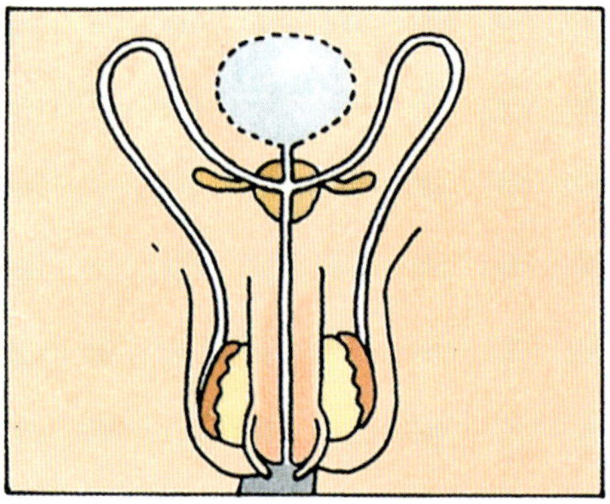

Im Hoden werden die Samenzellen produziert, bis sie stark genug sind. Dann werden sie im Nebenhoden aufbewahrt, bis sie herausdürfen.

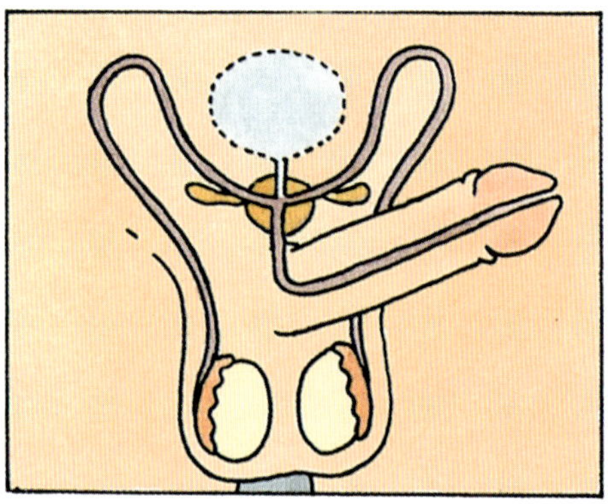

Und eines Tages oder Nachts geht es los. Das nennt man Samenerguss.

Nach dem ersten Samenerguss hat deine Pubertät richtig angefangen. Das ist ein wichtiger Augenblick, denn du kannst ab jetzt mit einer Frau ein Kind machen. Auch wenn du dich oft noch wie ein Kind fühlst, dein Körper wird der eines Mannes.

In der Pubertät verändert sich nicht nur dein Körper, du empfindest auch anders. Im einen Moment kannst du sagenhaft glücklich, im nächsten Moment todunglücklich sein. Du bist auch unsicher. Dauernd geschieht etwas, das du nicht beeinflussen kannst. Deine Stimme macht, was sie will, dein Penis wird steif, wenn es dir gar nicht passt, du hast Pickel. Manchmal glaubst du, keiner versteht dich, und manchmal hasst du deinen Körper, der immerzu wächst. Obwohl dein Körper immer schöner wird, kannst du dich selber manchmal gar nicht leiden.

Schmusen

Die meisten Erwachsenen schmusen, wenn sie verliebt sind. Sie mögen sich sehr gerne und finden es wunderbar, sich in die Augen zu sehen und sich anzufassen. Sie wollen sich ganz viel küssen und streicheln. Aber am allerschönsten finden sie es, sich zu lieben. Vielleicht kannst du dir das jetzt noch nicht vorstellen, aber wenn du ein bisschen älter bist, findest du das bestimmt auch einfach super. Sich lieben, schmusen, streicheln, küssen – das alles gehört dazu, wenn Erwachsene verliebt sind.

Und nicht nur bei den Menschen. Schau dir doch mal Turteltauben an. Wenn sie verliebt sind, schnäbeln sie immerzu. Und hast du mal Kaninchen beim Liebesspiel gesehen? Oder zwei Hunde im Park? Die lieben sich einfach im Freien, wo jeder zuschauen kann.

Aber wie kommt es, dass Menschen und Tiere sich lieben wollen? Das macht die Natur. Fast alle Menschen und Tiere finden es herrlich, sich zu lieben. Das Lieben sorgt dafür, dass es immer wieder junge Tiere und junge Menschen gibt, genau wie immer neue Bäume und Pflanzen entstehen. Ziemlich gut eingerichtet, findest du nicht auch?

Die meisten Menschen ziehen sich aus, wenn sie sich lieben, und legen sich aufs Bett oder an einen anderen bequemen Platz, wo sie ganz allein sein können. Wenn sie sich zuerst ganz viel und lange geküsst und sich gegenseitig am ganzen Körper gestreichelt haben, kriegen sie immer größere Lust, sich zu lieben. Manchmal sagt man auch „miteinander schlafen“ oder „vögeln“ für sich lieben.

Der Penis des Mannes wird größer und steifer und das kribbelt ganz wunderbar. Der Mann und die Frau haben jetzt beide ganz große Lust, den Penis des Mannes in der Vagina der Frau zu fühlen. Die

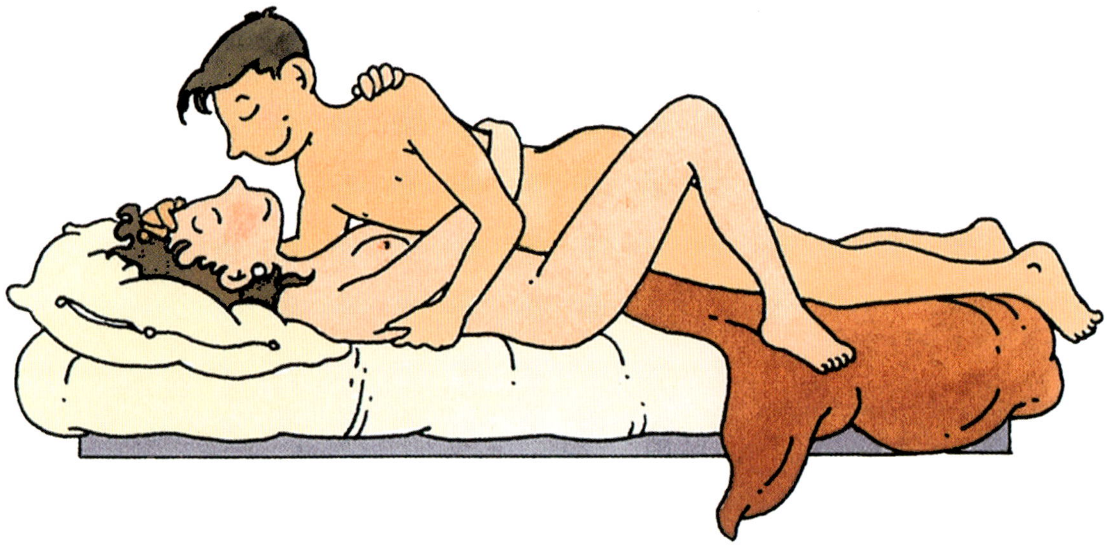

Vagina der Frau wird feucht, wenn sie viel Lust dazu hat. Das ist auch gut so, denn dann gleitet der Penis des Mannes viel leichter hinein.

Wenn der Penis in der Vagina ist, bewegen sich die beiden so, dass der Penis in der Vagina hin- und hergleitet. Manchmal liegt der Mann auf der Frau, manchmal umgekehrt und manchmal liegen sie noch anders beieinander, so, wie es ihnen am besten gefällt. Der Mann spürt das wohlige Gefühl am meisten in seinem Penis und die Frau in der Vagina.

Wenn nun zart über das Hügelchen zwischen den Schamlippen gerieben wird, bekommt die Frau das Gefühl, das beim Lieben das Allerschönste ist.

Dieses allerschönste Gefühl nennt man auch „Orgasmus“.

Wenn der Mann seinen Penis in der Vagina bewegt und reibt, spürt er irgendwann auch einmal dieses allerschönste Gefühl. In diesem Moment kommt aus seinem Penis ein bisschen Flüssigkeit, die leicht klebrig ist und weißlich aussieht. Diese Flüssigkeit heißt Sperma. Sie enthält Millionen von Samenzellen, die dann in die Vagina der Frau kommen.

Manchmal sind die beiden hinterher müde, denn sich lieben ist ziemlich harte Arbeit. Man muss sich viel bewegen und dafür sorgen, dass es dem anderen

genauso gut gefällt wie einem selbst. Manchmal machen die Leute auch Geräusche, wenn sie sich lieben, sie keuchen oder stöhnen.

So, jetzt weißt du genau, was beim Lieben oder Miteinanderschlafen passiert. Die meisten Großen gehen gern miteinander ins Bett. Sogar Opas und Omas können es wunderbar finden.

Man kann auch Lust zum Schmusen haben, wenn man nicht verliebt ist, aber den Körper des anderen sehr schön und aufregend findet.

Auch zwei Männer oder zwei Frauen können miteinander ins Bett gehen. Die beiden Frauen haben zwar keinen Penis, aber sie finden es trotzdem schön, beieinander im Bett zu liegen, sich überall zu streicheln und zu küssen. Und auch zwei Männer können sich küssen und lieben, wenn sie dazu Lust haben.

Ein Kind machen

Ein Kind machen, gehört das auch zum Sex? Ein Baby scheint wenig mit Sex zu tun zu haben, aber für Große gehört es zusammen. Wenn ein Mann und eine Frau miteinander schlafen, kann ein Baby entstehen. Und das geht so: Wenn sich bei der Frau an dem Tag, an dem sich beide lieben, eine Eizelle aus dem Eierstock gelöst hat, kann diese Eizelle befruchtet werden. Meistens passiert dieser „Eisprung" einmal im Monat.

Wenn der Penis des Mannes in der Vagina der Frau steckt und der Mann einen Orgasmus bekommt, spritzt aus seinem Penis ein bisschen Sperma, in dem Millionen von Samenzellen wimmeln. Die Samenzellen schwimmen alle auf der Suche nach einer Eizelle durch die Vagina hinauf zur Gebärmutter und von dort zu den Eileitern. Einige Samenzellen können noch nicht schwimmen, deshalb kommen sie nicht besonders weit. Andere sind ein bisschen müde oder haben einfach keine Lust mehr und kommen auch nicht weiter. Dann gibt es noch jede Menge dummer Samenzellen, die hinterher- oder einfach nur im Kreis schwimmen.

So bleiben nur die stärksten, klügsten und gesündesten Samenzellen übrig, die schließlich die Eizelle finden. Alle zu-

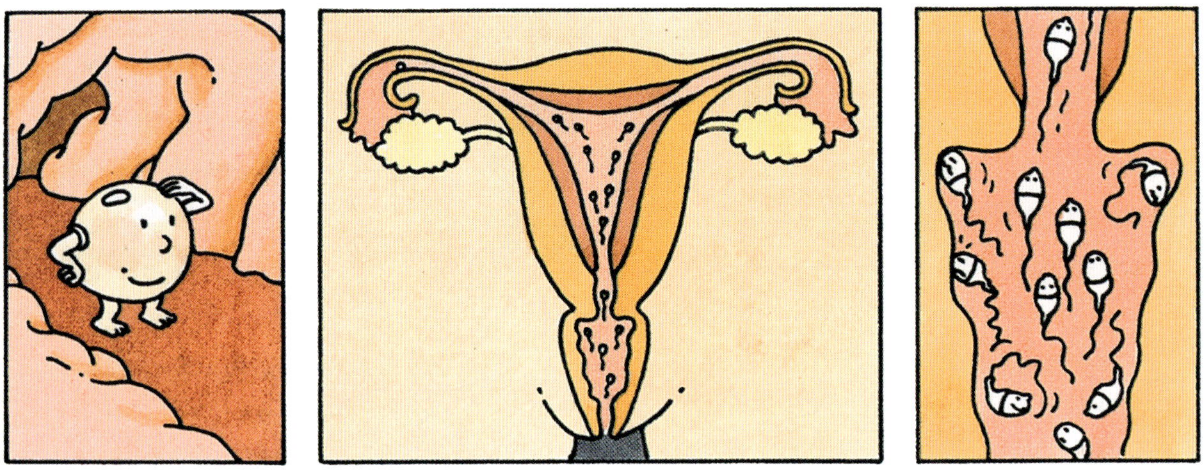

Wenn sich eine Eizelle aus dem Eierstock gelöst hat, kann sie befruchtet werden. Die Samenzellen schwimmen auf der Suche nach einer Eizelle durch die Vagina hinauf zur Gebärmutter und von dort zu den Eileitern.

Sobald die Samenzellen die Eizelle gefunden haben, stoßen sie alle gemeinsam so fest wie möglich an die Wand der Eizelle, bis die Wand davon ganz weich geworden ist.

Dann endlich kann die allerbeste Samenzelle die Wand durchstoßen. Die übrigen Samenzellen müssen draußen bleiben, denn es darf nur eine einzige in die Eizelle hinein.

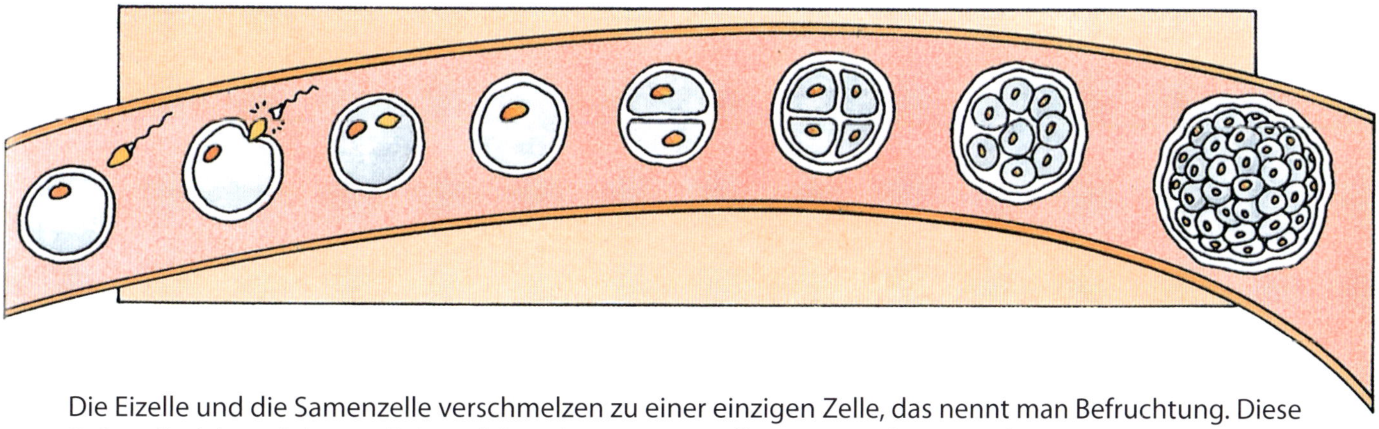

Die Eizelle und die Samenzelle verschmelzen zu einer einzigen Zelle, das nennt man Befruchtung. Diese Zelle teilt sich nach kurzer Zeit und dann liegen zwei Zellen aneinander. Darauf teilen sich auch diese beiden Zellen und dann liegen vier aneinander. Das setzt sich noch eine Weile fort und so entsteht nach und nach eine Traube mit einer Menge Zellen, die so ähnlich aussieht wie eine Himbeere oder Brombeere. Das ist der Anfang eines neuen Kindes. Jeder Körper besteht aus Millionen von Zellen. Und jeder Körper ist so entstanden.

sammen stoßen so fest wie möglich gegen die Wand der Eizelle, bis diese davon ganz weich geworden ist. Dann endlich kann eine Samenzelle durch die Wand stoßen. Die übrigen Samenzellen kommen nicht mehr hinein, denn es kann nur eine einzige Samenzelle in der Eizelle sein.

Die Eizelle und die Samenzelle verschmelzen nun zu einer einzigen Zelle, das nennt man Befruchtung. Diese Zelle teilt sich nach kurzer Zeit und dann liegen zwei Zellen aneinander. Darauf teilen sich auch diese beiden Zellen und dann liegen vier aneinander. Das setzt sich noch eine Weile fort und so entsteht nach und nach eine Traube mit einer Menge Zellen, die so ähnlich aussieht wie eine Himbeere oder Brombeere. Das ist der Anfang eines neuen Kindes. Jeder Körper besteht aus Millionen von Zellen. Und jeder Körper ist so entstanden.

Wie man sonst noch Kinder machen kann

In manchen Krankenhäusern gibt es große Tiefkühltruhen, in denen die Samen von verschiedenen Männern liegen. Sie können dort sehr lange aufbewahrt werden. So etwas nennt man Samenbank. Wenn ein Paar gerne ein Kind möchte, aber aus gesundheitlichen Gründen keines bekommt, kann es zu solch einer Samenbank gehen. Dort bekommt das Paar dann Samenzellen. In einigen Ländern ist das aber nur unter be-

stimmten Voraussetzungen möglich und nicht für alle Paare erlaubt.

Eine Ärztin bringt dann die Samenzellen eines Mannes, die in der Samenbank liegen, vorsichtig mit einer Art Spritze in die Vagina der Frau. Auf diese Weise kann sie befruchtet und schwanger werden.

Für Frauen, deren Mann keine gesunden oder zu wenig Samenzellen hat, um eine Eizelle seiner Frau befruchten zu können, ist es gut, dass es so eine Samenbank gibt.

Für Paare, bei denen die Frau unfruchtbar ist, weil sie zum Beispiel keinen regelmäßigen Eisprung hat, gibt es noch eine Möglichkeit, ein Kind zu bekommen. Angenommen, ein Mann und eine Frau wollen sehr gern ein Kind. Sie haben sich schon oft geliebt, aber die Frau ist immer noch nicht schwanger geworden. Im Krankenhaus kann ein besonders ausgebildeter Arzt die Samenzellen des Mannes und die Eizellen der Frau untersuchen. Der Arzt sucht die allerbesten und gesündesten Samenzellen des Mannes heraus und holt aus dem Eierstock der Frau eine reife Eizelle. Im Krankenhaus werden dann Samenzellen und Eizelle zusammengebracht. So kann die Eizelle auch befruchtet werden.

Wenn das gelingt – es ist nämlich eine schwierige Methode –, wird die befruchtete Eizelle ganz vorsichtig wieder in die Gebärmutter der Frau zurückgebracht. Und wenn alles gut geht, wächst daraus ein Kind. So sind schon viele Kinder entstanden und geboren worden. Ein Glück, dass es diese Methode gibt, denn diese Paare hätten sonst nie Kinder bekommen können.

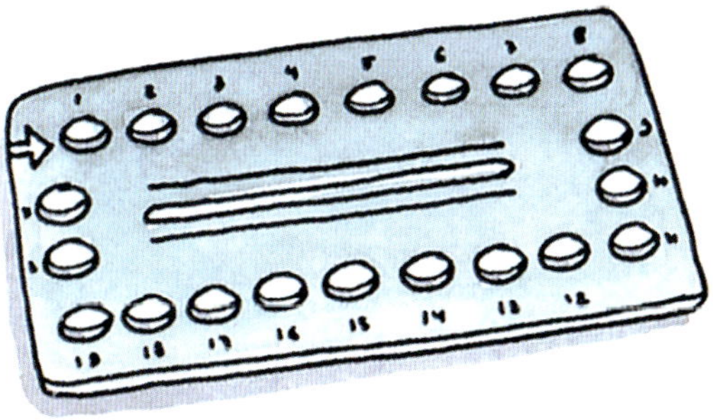

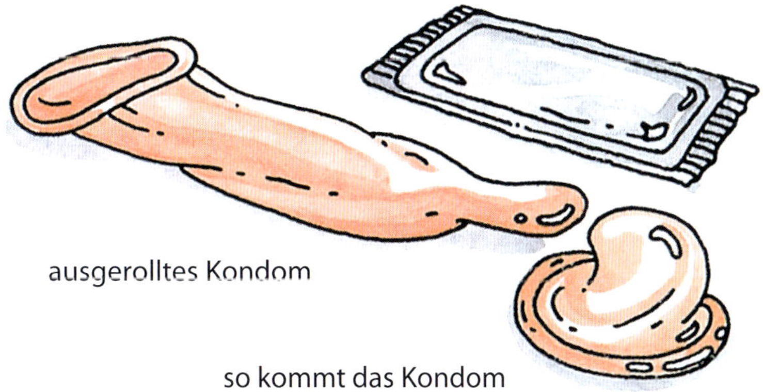

Sich lieben, ohne ein Kind zu kriegen

Nicht alle Männer und Frauen, die miteinander ins Bett gehen, wollen gleich ein Baby. Manche Leute möchten sich oft lieben. Manchmal jeden Tag. Und stell dir mal vor, jedes Mal würde dabei ein Kind entstehen …

Deshalb hat man Dinge erfunden, die ein Mann und eine Frau benutzen können, wenn sie zwar miteinander schlafen, aber noch kein Baby wollen. Es gibt eine Pille, die eine Frau täglich schlucken muss (auch wenn sie nicht jeden Tag mit einem Mann schläft). In dieser Pille ist ein Stoff, der verhindert, dass sich eine Eizelle aus dem Eierstock löst. Und wenn sich keine reife Eizelle gelöst hat, können die Samenzellen so viel schwimmen, wie sie wollen, sie werden nirgends eine Eizelle finden. Dann entsteht auch kein Baby. Eine andere Erfindung ist das Kondom. Das ist eine dünne Hülle aus ganz feinem Gummi, die ein Mann über seinen steifen Penis zieht, bevor er ihn in die Vagina steckt. Dieses Kondom sitzt ganz eng um den Penis und hält so von selbst. Wenn jetzt das Sperma aus dem Penis kommt, landen die Samenzellen im Kondom und nicht in der Vagina der Frau. Miteinander schlafen mit einem Kondom oder der Pille nennen wir auch Verhütung.

Wenn ein Mann und eine Frau allerdings gerne ein Baby möchten, verzichten sie auf diese praktischen Erfindungen wie die Pille und das Kondom und lieben sich einfach ohne.

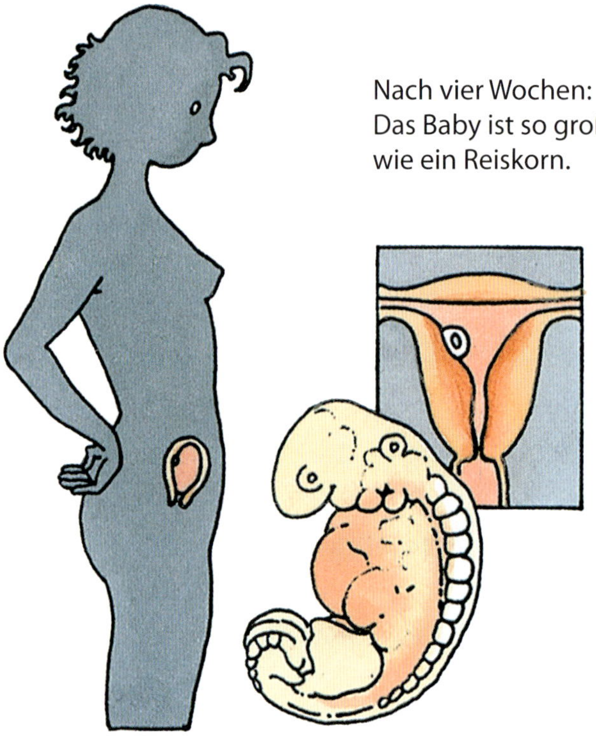

Nach vier Wochen: Das Baby ist so groß wie ein Reiskorn.

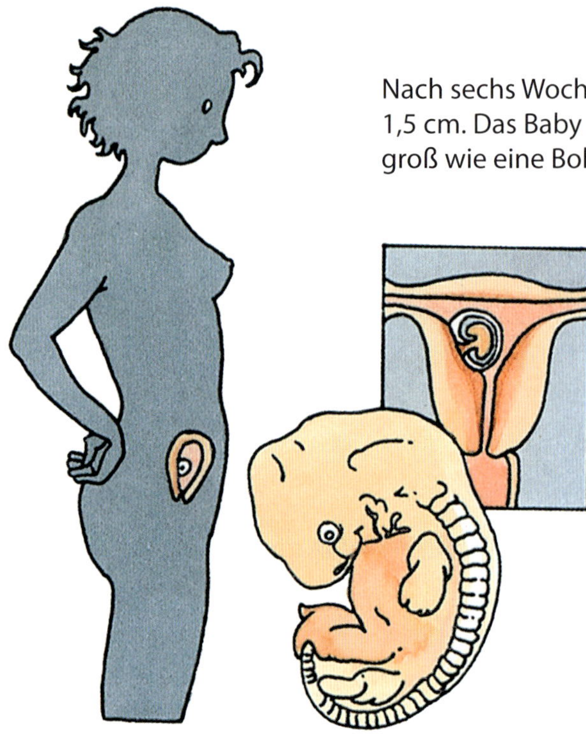

Nach sechs Wochen: 1,5 cm. Das Baby ist so groß wie eine Bohne.

So wächst das Baby im Bauch

Wenn Eizelle und Samenzelle zu einer Zelle verschmolzen sind, teilt sich diese immer und immer wieder.

Dieses Zellhäufchen, das so klein ist wie ein Stecknadelkopf oder das Tüpfelchen auf dem i, dreht sich langsam im Kreis und wandert durch den Eierstock zur Gebärmutter. Die Schleimhaut in der Gebärmutter ist gut darauf vorbereitet, die kleine Zellkugel aufzunehmen. Das Zellklümpchen sucht sich ein sicheres Plätzchen in der Gebärmutter und nistet sich dort ein.

Nach vier Wochen ist aus der kleinen Zellkugel schon etwas Rundes herausgewachsen. Das wird der Kopf. Das Kind hat ein Rückgrat und sein Herz schlägt schon. Aber man sieht noch keine Arme oder Beine und auch keine Augen. Es ist jetzt ungefähr sechs Millimeter lang, etwa so

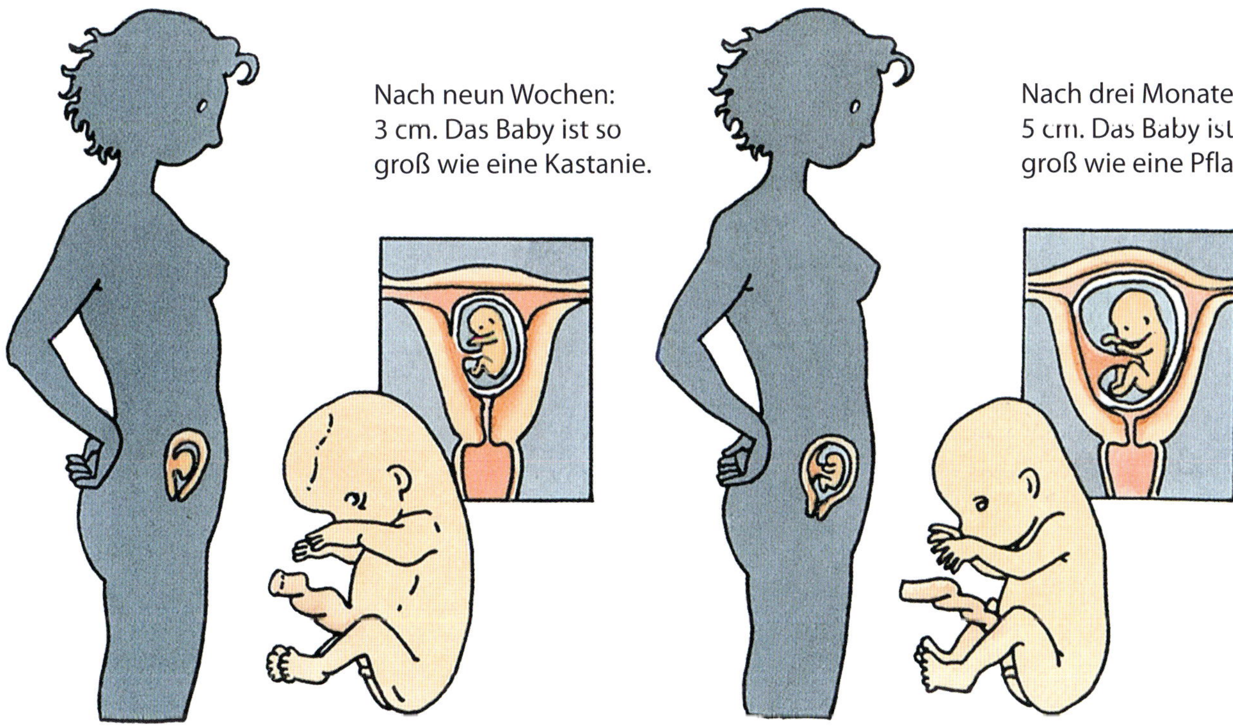

Nach neun Wochen: 3 cm. Das Baby ist so groß wie eine Kastanie.

Nach drei Monaten: 5 cm. Das Baby ist so groß wie eine Pflaume.

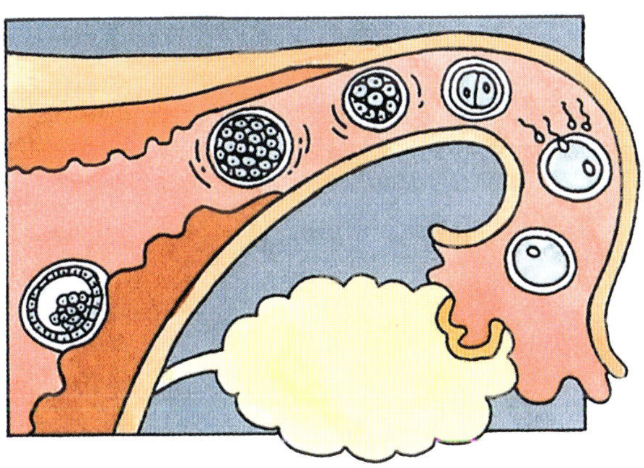

groß wie ein Reiskorn. Die Mutter merkt nun, dass sie schwanger ist.

Das Kind wächst schnell. Zwei Wochen später ist es bereits so groß wie eine Bohne und hat inzwischen kleine Arme und Beine.

Das Baby liegt in der Gebärmutter wie in einem warmen Bad. Um das Baby herum ist nämlich eine Hülle, eine Art Blase, die mit schön warmem Wasser gefüllt ist. Das ist das Fruchtwasser. Darin kann das Baby schwimmen, solange es noch klein ist. Und es ist eine Art Puffer für das Baby, ungefähr so wie ein Airbag. Dadurch liegt es gut geschützt.

Aus dem Bauch des Kindes wächst ein Schlauch, die Nabelschnur, die mit einer Art Beutel verbunden ist, der Plazenta.

Die Plazenta wächst mit und ist für das Baby sehr wichtig. Alles, was die Mutter isst, und auch der Sauerstoff und das Blut

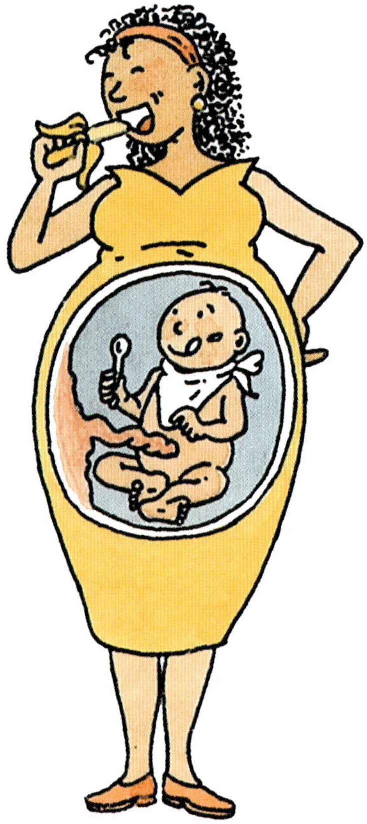

für das Kind, geht zuerst durch die Plazenta, wo alles gefiltert wird. So bekommt das Baby durch die Nabelschnur nur die guten Nährstoffe.

Nach drei Monaten ist das Kind äußerlich schon ganz fertig. Nur ist es jetzt noch viel zu klein und zu mager. Es muss weitere sechs Monate lang im Bauch bleiben, um größer und dicker zu werden.

Wenn das winzige Baby drei Monate im Bauch der Mutter lebt, sieht man ihr das noch nicht an. Ihr Bauch ist noch nicht sehr dick. Sie kann das Kind auch noch nicht spüren. Aber das wird sich schnell ändern.

Zwillinge?

Manchmal macht der Frauenarzt Aufnahmen vom Baby. Dabei kann man es auf einem Bildschirm sehen. Und manchmal entdeckt man dabei zwei Babys. Das ist eine Überraschung. Die Mutter bekommt dann Zwillinge.

Zwillinge können verschieden entstehen. Manchmal lösen sich bei einer Frau gleichzeitig zwei Eizellen aus dem Eierstock. Wenn diese beiden Eizellen von zwei verschiedenen Samenzellen befruchtet werden, wachsen im Bauch der Mutter zwei unterschiedliche Kinder. Das sind zweieiige Zwillinge.

Zwillinge können aber auch entstehen, wenn sich nur eine Eizelle gelöst hat, die mit einer einzigen Samenzelle verschmolzen ist. Wenn diese verschmolzene Zelle sich in zwei Teile teilt, können sich die beiden Teile voneinander lösen und zu zwei Kindern heranwachsen, die genau gleich sind. Das sind eineiige Zwillinge.

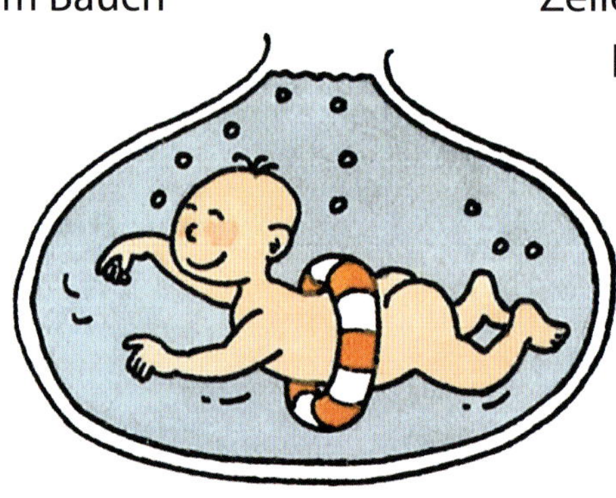

Es kann schon am Daumen lutschen und pinkeln!

Wenn das Kind fünf Monate im Bauch der Mutter lebt, ist es schon so groß, dass jeder an ihrem dicken Bauch sehen kann, dass dort ein Baby wächst, auch wenn es erst die Größe dieser Buchseite hat. Die Mutter spürt nun langsam, wie sich das Baby bewegt. Zuerst fühlt es sich wie ein Kribbeln an. Später, wenn das Baby größer wird, kann sie spüren, wie sich Arme und Beine bewegen. Und das Baby bewegt sich ganz ordentlich. Es kann schon Purzelbäume schlagen und ein bisschen treten. Manchmal liegt es

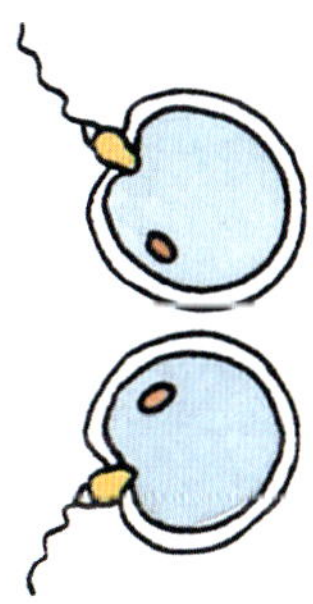

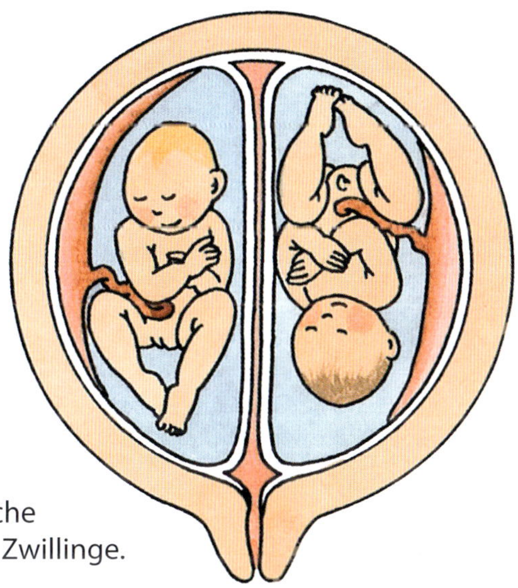

Wenn zwei Eizellen von zwei verschiedenen Samenzellen befruchtet werden, wachsen im Bauch der Mutter zwei unterschiedliche Kinder. Das sind zweieiige Zwillinge.

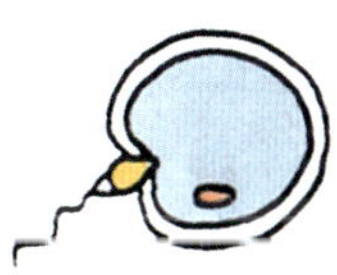

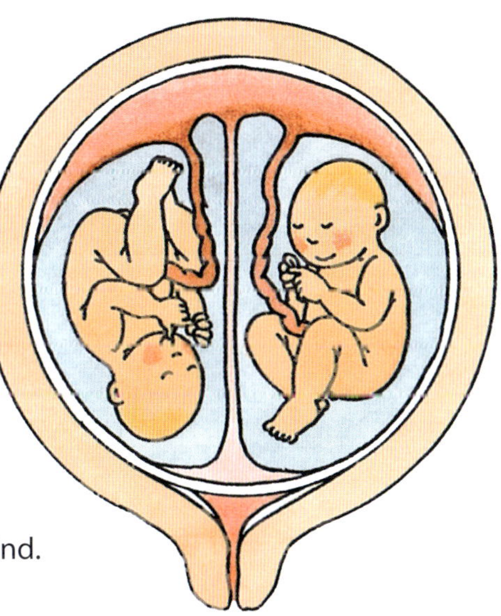

Wenn eine Eizelle mit einer einzigen Samenzelle verschmolzen ist, teilt sie sich in zwei Teile. Diese beiden Teile können sich voneinander lösen und zu zwei Kindern heranwachsen, die genau gleich sind. Das sind eineiige Zwillinge.

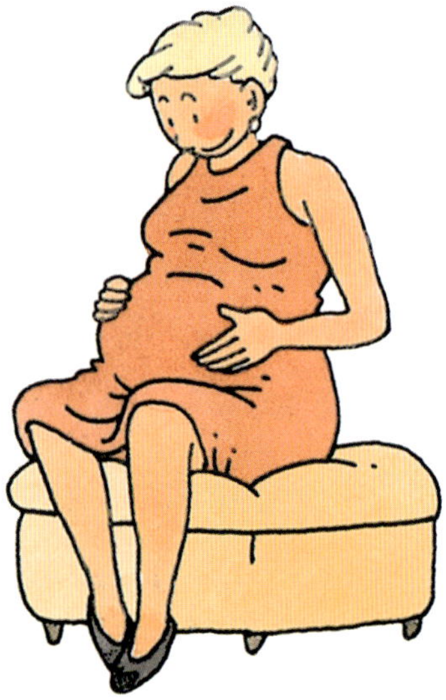

auch nur da und schläft mit dem Daumen im Mund.

Das Baby kann sogar Schluckauf bekommen, wenn es zu gierig vom Fruchtwasser trinkt. Und es pinkelt auch ins Fruchtwasser. Du siehst, dass es schon viel mehr kann, als man glaubt.

Das Baby ist schon fast fertig

Wenn ein Baby ungefähr sieben Monate im Bauch der Mutter gelebt hat, könnte es eigentlich schon geboren werden. Ganz selten kommt das auch vor. Aber so ein Baby ist eigentlich viel zu klein und muss noch tüchtig wachsen, um am Leben zu bleiben.

Im Krankenhaus gibt es für zu früh geborene Kinder einen nachgemachten

Im Krankenhaus gibt es für Frühgeburten einen nachgemachten Bauch, den Brutkasten. Das ist ein geschlossener Behälter aus durchsichtigem Plastik, in dem es schön warm ist. Dort wird das Kind mit einem Schlauch ernährt und mit Sauerstoff und anderen Hilfsmitteln am Leben erhalten.

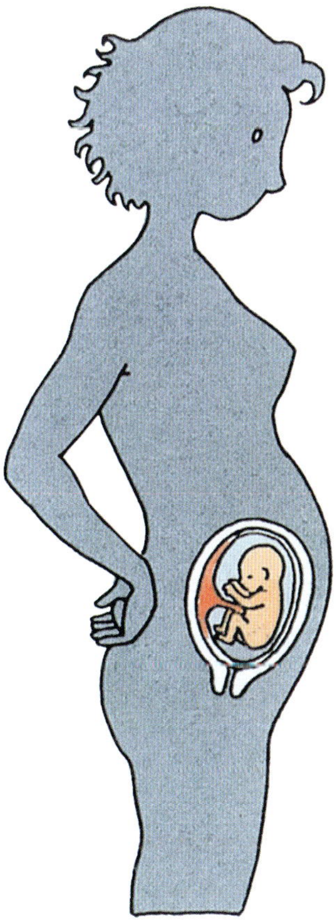

Nach fünf Monaten spürt die Mutter, wie sich das Kind bewegt.

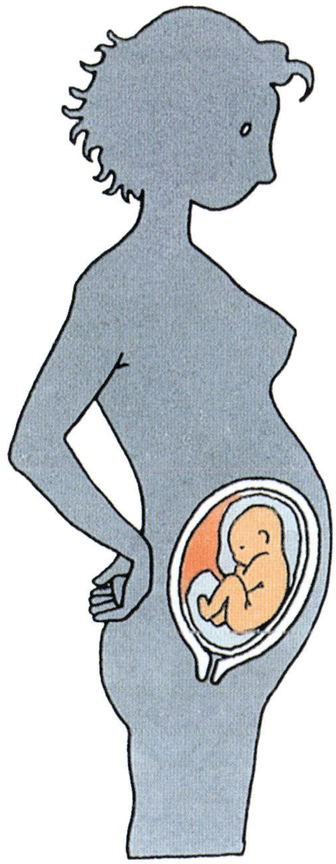

Nach sechs Monaten kann das Baby am Daumen lutschen.

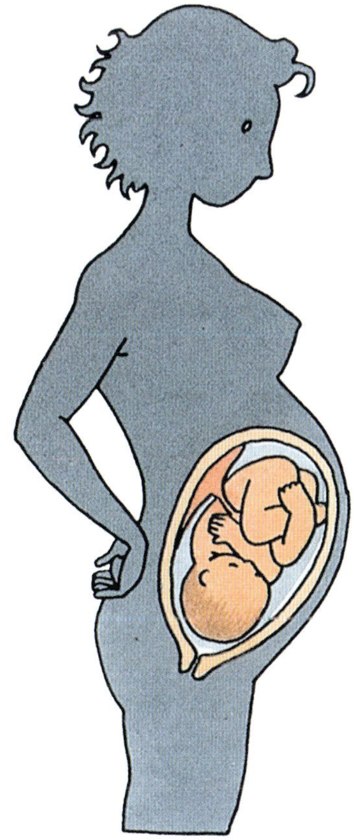

Nach gut acht Monaten hat sich das Baby umgedreht.

Bauch, den Brutkasten. Das ist ein geschlossener Behälter aus durchsichtigem Plastik, in dem es schön warm ist. Dort wird das Kind mit einem Schlauch ernährt und mit Sauerstoff und anderen Hilfsmitteln am Leben erhalten. Das gelingt leider nicht immer. Deshalb tun die Ärzte alles, damit das Baby so lange wie möglich im Bauch der Mutter bleiben kann. Denn das ist für ein Baby der allerbeste Platz.

Pass auf, es hört alles!

Auch wenn es noch im Bauch ist, kann das Baby schon vieles hören. Zum Beispiel Geräusche im Körper der Mutter wie den Herzschlag. Aber auch Musik oder die Stimmen der Menschen, mit denen die Mutter redet. Das Baby hört auch, wenn du mit ihm redest oder ihm vorsingst. Es kennt deine Stimme also schon, bevor es geboren ist.

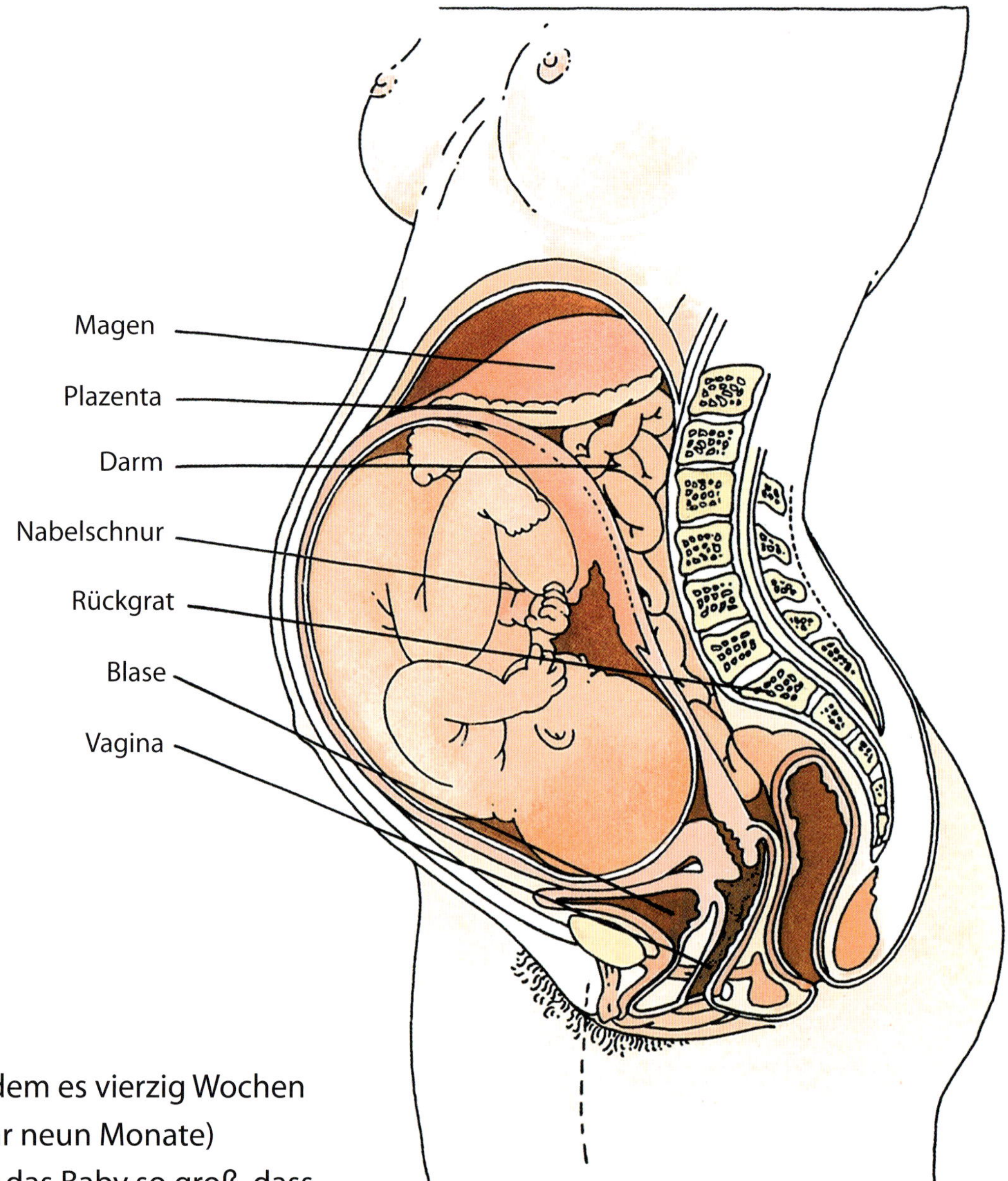

Schließlich, nachdem es vierzig Wochen (das sind ungefähr neun Monate) gewachsen ist, ist das Baby so groß, dass es nicht mehr in den Bauch passt. Jetzt wird es langsam Zeit für die Geburt. Der Mutter tut ab und zu der Bauch weh, weil die Gebärmutter, in der das Kind liegt, anfängt, sich zusammenzuziehen. Dadurch wird das Kind hinausgeschoben. Die meisten Babys liegen jetzt kopfüber und drücken den Kopf jedes Mal, wenn sich die Gebärmutter zusammenzieht, ein Stückchen weiter nach unten. Die Blase mit dem Fruchtwasser, in dem das Baby liegt, zerspringt und das ganze Fruchtwasser läuft aus der Vagina der Mutter heraus. Nun kann die Geburt richtig anfangen.

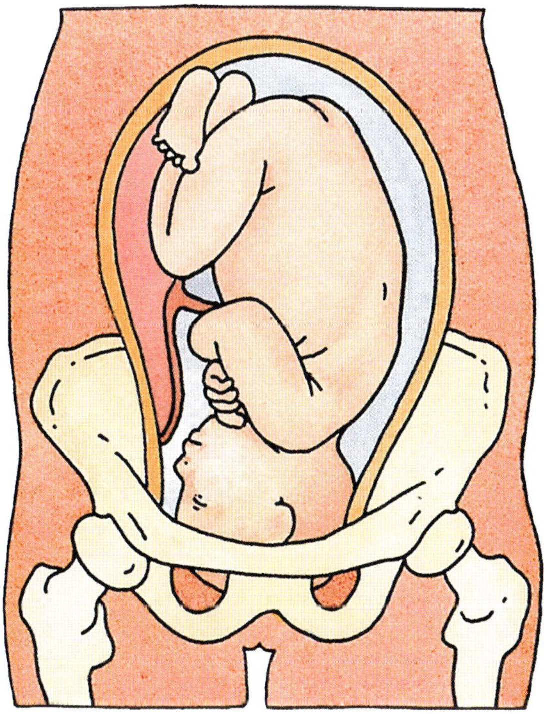

Die meisten Babys liegen jetzt mit dem Kopf nach unten.

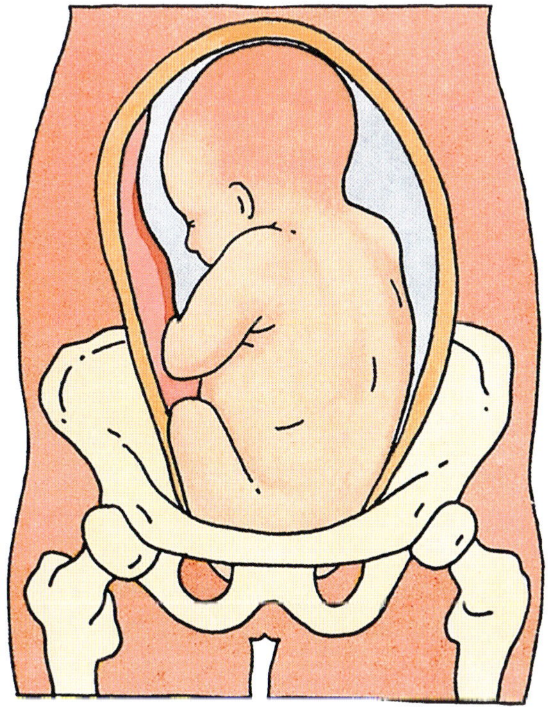

Manchmal liegt das Kind verkehrt, mit dem Kopf nach oben. Das nennt man Steißlage.

Das Kind wird geboren

Manche Mütter bleiben zu Hause, weil sie wollen, dass ihr Kind dort geboren wird. Dann kommt eine Ärztin oder eine Hebamme ins Haus, um bei der Geburt zu helfen. Andere Mütter wollen ihr Kind lieber im Krankenhaus bekommen. Es gibt auch Mütter, die der Arzt ins Krankenhaus schickt, weil die Geburt ihres Kindes zu Hause zu schwierig wäre. Zum Beispiel, wenn das Baby verkehrt herum im Bauch liegt, mit dem Kopf nach oben, oder wenn Zwillinge kommen.

Der Schmerz im Bauch der Mutter wird immer schlimmer. Diesen Schmerz nennt man Wehen. Nach einer Wehe folgt eine kurze Pause und dann kommt wieder eine Wehe. Es kann mehrere Stunden dauern, bis die Mutter spürt, wie das Köpfchen ganz langsam herauskommt. Ihre Vagina wird von selbst immer weiter, denn der Kopf des Kindes drückt sie auf. Aber beim letzten Stück muss die Mutter wieder mithelfen. Sie muss ganz stark pressen. Das ist genauso, als ob du auf dem Klo heftig drückst.

Jedes Mal, wenn die Mutter presst,

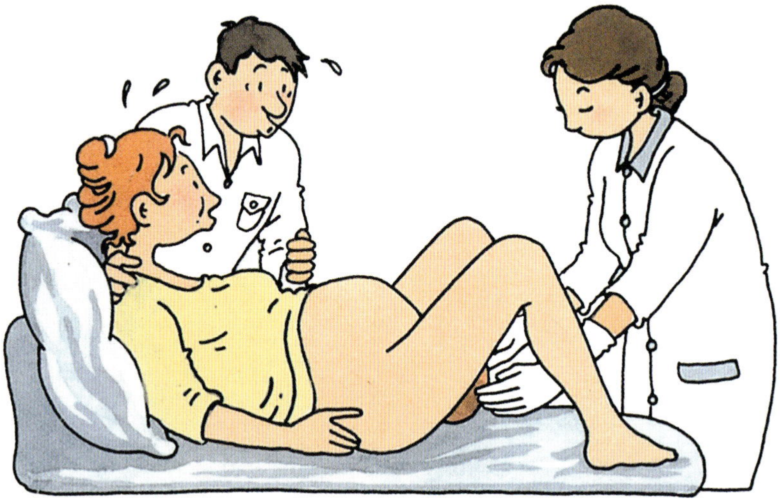

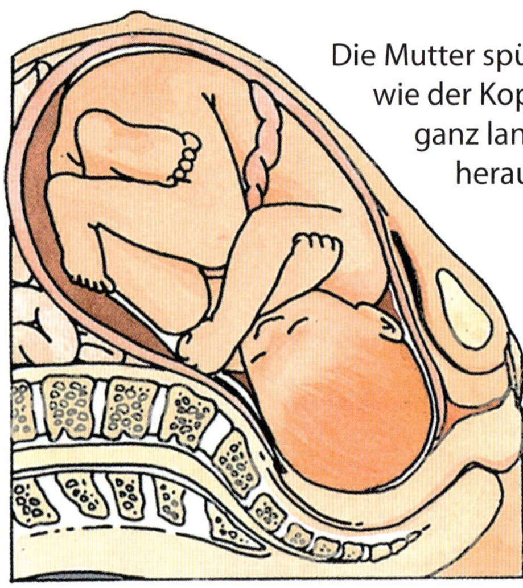

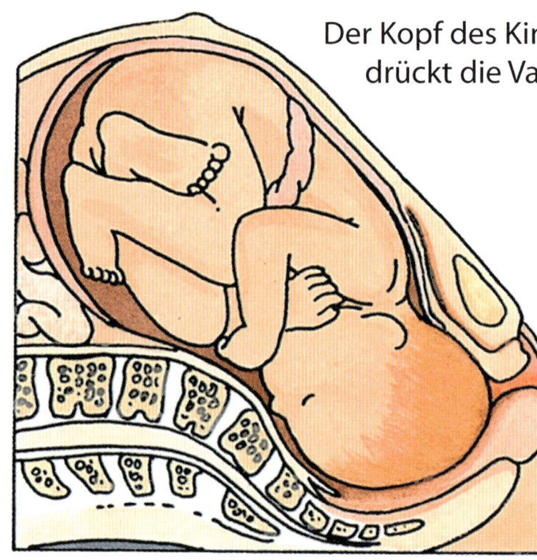

schiebt sie den Kopf wieder ein Stückchen tiefer durch die Vagina. Ist der Vater bei der Geburt dabei, so hilft er der Mutter, rechtzeitig zu pressen, denn das ist richtig schwere Arbeit. Er kann ihr Mut machen, damit sie es noch eine Weile durchhält. Wenn dann der Kopf herauskommt, muss sie meistens noch einmal ganz doll pressen – und schwupps ist das Baby draußen. Es ist geboren. Vom Fruchtwasser sieht es ganz glitschig aus. Die Nabelschnur verbindet noch seinen Bauchnabel mit der Plazenta im Bauch der Mutter. Die Plazenta wird nun nicht mehr gebraucht, denn das Baby muss ab jetzt alleine atmen und alle Nahrung mit dem Mund aufnehmen. Deshalb wird die Nabelschnur durchgeschnitten. Das macht meistens der Arzt, manchmal aber auch der Vater.

Ein Baby erschrickt, wenn es geboren wird, und fängt an zu weinen. Eigentlich kein Wunder, denn es lag ja die ganze Zeit so schön wohlig und ruhig im Dunkeln im warmen Fruchtwasser. Und jetzt kommt es plötzlich in ein Zimmer mit grellem Licht, es hört lauter fremde Stimmen, und außerdem ist ihm kalt. Das würde dir doch bestimmt auch nicht gefallen, oder? Trotzdem ist es gut zu hören, dass das Baby weint, denn dann weiß der Arzt, dass die Lungen des Kindes richtig arbeiten. Die Mutter will ihr Baby gleich trösten und legt es sich auf den Bauch.

Manchmal merkt ein Arzt, wenn das Baby noch im Bauch ist, dass es durch die Vagina nicht gut herauskommen kann.

Dann hilft der Arzt ein bisschen nach. Er setzt dem Kind eine Art Hütchen mit langem Stiel, die Saugglocke, auf den

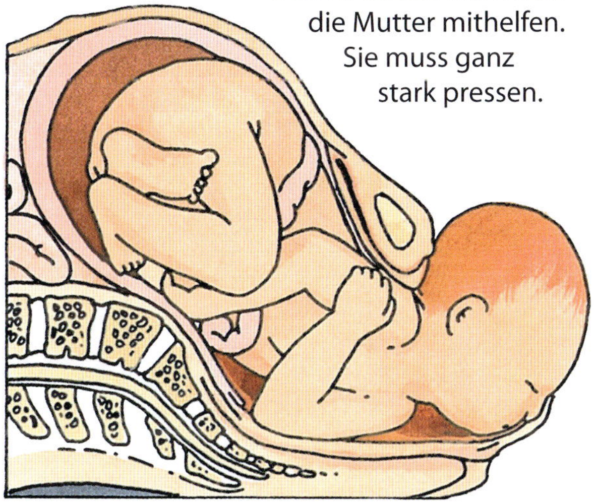

Beim letzten Stück muss die Mutter mithelfen. Sie muss ganz stark pressen.

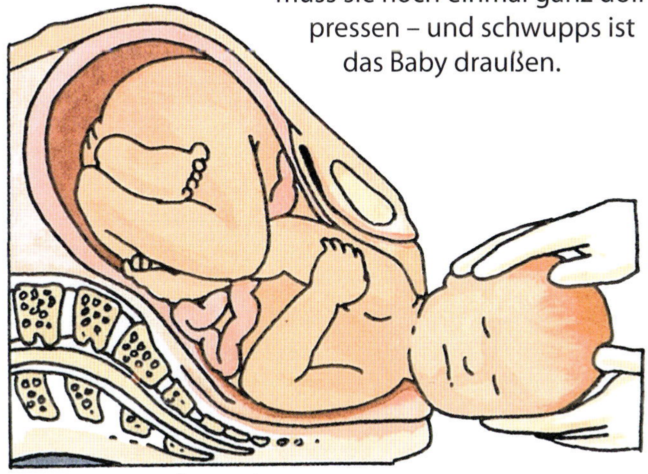

Wenn der Kopf herauskommt, muss sie noch einmal ganz doll pressen – und schwupps ist das Baby draußen.

Kopf, die von selbst dort haften bleibt. So zieht der Arzt das Kind dann vorsichtig aus der Vagina. Oder er benutzt statt der Saugglocke eine Zange, die aussieht wie eine ganz große Pinzette. Er klemmt sie um den Kopf des Babys und zieht es so heraus.

Es kann auch vorkommen, dass es dem Kind schlecht geht, wenn es noch im Bauch ist. Dann muss es ganz schnell geboren werden. Am allerschnellsten geht es, wenn man einen Kaiserschnitt macht, also der Mutter eine Betäubung gibt und eine Öffnung in ihren Bauch schneidet, durch die das Baby herausgeholt wird. Durch die Betäubung spürt die Mutter nichts davon und der Bauch wird danach natürlich wieder schön zugenäht.

Alle sind überglücklich, wenn das Baby endlich nach so vielen Stunden voll Spannung und Mühe geboren ist. Vater und Mutter müssen manchmal vor Freude weinen.

Aber manchmal weinen sie auch vor Kummer, wenn mit dem Baby etwas nicht in Ordnung ist. Es kann sein, dass ein Teil des Körpers nicht richtig gewachsen ist. Es ist dann körperlich behindert und wird vielleicht nie laufen oder sehen können. Oder das Kind ist geistig behindert. Dann wird es nie so denken können wie andere Kinder. Ganz selten wird ein Kind auch tot geboren. Eine Geburt ist also nicht immer ein freudiges Ereignis.

Doch zum Glück geht heute meistens alles gut und es fließen nur Freudentränen.

Wem sehe ich ähnlich?

Ein Kind, das aus einer Samenzelle und einer Eizelle entsteht, erbt etwas vom Vater und von der Mutter. Das heißt, dass jeder Elternteil ihm etwas mitgibt. In jeder Eizelle und jeder Samenzelle sind nämlich Bestandteile aus der Familie des Vaters und der Familie der Mutter; Erbmaterial nennt man so etwas. Das bestimmt, wie das Kind aussehen wird und welche Eigenschaften es bekommt. Die Farbe der Haare, der Augen und der Haut. Wie groß es später wird, ob es eine Brille braucht oder nicht, ob es gut malen kann, Locken kriegt oder glatte Haare.

Es gibt noch mehr Dinge, die vererbt werden, die du von der Familie deines Vaters oder deiner Mutter mitbekommst. Das alles steckt in dieser einen Samenzelle und Eizelle. Jede einzelne dieser Zellen hat ein bisschen andere Bestandteile. Wäre eine andere Samenzelle eine Sekunde früher in die Eizelle eingedrungen, dann wäre daraus ein anderes Kind entstanden. Sieh dir mal deinen Bruder oder deine Schwester an. Die kommen nämlich aus einer anderen Eizelle und einer anderen Samenzelle, mit ein paar gleichen Bestandteilen, aber auch ein paar unterschiedlichen.

Vielleicht hast du eine andere Haarfarbe als deine Geschwister, aber ihr habt die gleiche Augenfarbe. Hat deine Mutter solche Augen oder dein Vater? Es kann auch sein, dass du einem Onkel oder einer Tante oder deinem Opa oder der Oma ähnlich siehst. Hat man dir vielleicht schon mal gesagt, dass du „genauso musika-

lisch bist wie Onkel Fred“ oder dass du „genauso aussiehst wie Opa, als er so alt war wie du“? Das kann stimmen. Denn in der Samenzelle deines Vaters stecken nicht nur Teile von ihm, sondern auch von seiner Familie. Genauso ist es bei der Eizelle deiner Mutter. Also erbst du auch ein bisschen von der ganzen Familie.

Jetzt könntest du natürlich denken, dass alles erblich ist. Aber das stimmt nicht. Zum Glück, denn so kannst du doch noch ein berühmter Fußballer werden, auch wenn weder dein Vater noch deine

Mutter spielen können. Keiner weiß genau, was vererbt wird und was nicht. Manche klugen Leute sagen, dass es sogar erblich ist, wie du dich benimmst. Ob du mutig bist oder verlegen, wild oder brav. Aber das glauben längst nicht alle. Denn gerade das Verhalten ist etwas, das man lernen oder sich abgewöhnen kann. Kannst du an dir feststellen, was du von deinen Eltern mitbekommen hast?

Adoption

Es gibt auch Menschen, die keine Kinder bekommen können, aber sie können Kinder adoptieren. Man kann jüngere oder ältere Kinder adoptieren, die keine Eltern haben oder deren Vater oder Mutter nicht mehr gut für sie sorgen können. Das heißt, dass andere Eltern sie großziehen und sich um sie kümmern, als ob es ihre eigenen Kinder wären.

Es gibt auch Eltern, die schon eigene Kinder haben, aber trotzdem gerne noch ein anderes Kind adoptieren möchten.

Du kannst auch deinen Adoptiveltern ein bisschen ähneln. Denn Erwachsene und Kinder, die einander sehr gern mögen, übernehmen manches voneinander: zum Beispiel den Gang oder ein bestimmtes Lachen oder die Art, wie sie reden. Manchmal scheinen sich sogar die Gesichter ähnlich zu werden. Deswegen ist es auch nicht seltsam, wenn ab und zu Leute zu dir sagen: „Du siehst deinem Vater aber ähnlich“, obwohl es doch gar nicht dein richtiger Vater ist. Aber jetzt verstehst du, woher das kommt.

Du kannst also auch deinen Pflegeeltern oder Stiefeltern ähnlich sehen, wenn du lange genug bei ihnen wohnst.

Mit wem lebst du zusammen?

Die meisten Kinder leben in einer Familie. Eine Familie besteht aus verschiedenen Familienmitgliedern. Du kannst mit deinen Eltern zusammenwohnen. Und mit deinen Geschwistern. Alle sind miteinander verwandt. Manchmal wohnt noch eine Oma bei der Familie. Oder ein Onkel. Es gibt auch Familien, die mit einer Oma, Tante, einem Onkel und Cousins und Cousinen zusammenwohnen. Das sind zwar viele Leute, aber es ist auch sehr gemütlich. Oder eine Familie besteht aus einem Vater und einer Mutter und zehn Kindern.

Es gibt auch kleinere Familien. Ein Vater, eine Mutter und zwei Kinder. Vielleicht bist du ja auch ein Einzelkind. Manche Kinder wohnen nur bei ihrem Vater oder bei ihrer Mutter. Diese Eltern sind geschieden und leben nicht mehr zusammen.

Manchmal möchten sich aber der Vater und die Mutter die Erziehung der Kinder noch teilen und dann wohnen die Kinder abwechselnd ein paar Tage beim Vater und ein paar Tage bei der Mutter.

Es kann leider auch sein, dass der Vater oder die Mutter schon gestorben sind. Dann können die Kinder natürlich nur noch mit einem Elternteil zusammen leben.

Es gibt auch Kinder, die nur mit ihrer Mutter zusammenwohnen, weil die Mutter gerne ein Kind wollte, aber nicht mit einem Mann zusammenleben möchte.

Manche Kinder leben auch bei zwei Müttern. Das sind zwei Frauen, die ein Paar sind und zusammen ein Kind erziehen wollen. Es kommt auch vor, dass zwei Männer sich lieben und gemeinsam ein Kind großziehen wollen. Dann hat das Kind zwei Väter.

Manche Kinder leben mit sehr vielen anderen Menschen in einer Wohnung. Das sind die neuen Partner der Eltern, von denen einige ebenfalls Kinder haben können. Meistens hat zwar jeder ein eigenes Zimmer, aber alle essen zum Beispiel gemeinsam in einer großen Küche.

So gibt es viele Arten von Familien. Große, kleine, blutsverwandte oder zusammengewürfelte Familien. Und Familien ohne Männer oder ohne Frauen.

Die meisten Menschen können selbst entscheiden, wen sie heiraten wollen. Aber es gibt auch Väter und Mütter, die im Voraus für ihre Kinder einen Jungen oder ein Mädchen aussuchen, die ihr Sohn oder ihre Tochter später heiraten soll. Das ist bei manchen Familien ein Brauch. Sie heiraten später nicht aus Liebe, sondern weil sie füreinander bestimmt wurden.

Wenn du einmal groß bist, kannst du vielleicht selbst aussuchen, mit wem du zusammenwohnen willst. Und ob du eine große Familie möchtest oder eine kleine. Vielleicht möchtest du später auch mit niemandem zusammenwohnen.
Das machen viele Leute. Die beschließen eines Tages, dass es genauso schön ist, ganz allein zu leben. Dann müssen sie nie pünktlich nach Hause kommen. Sie können essen, wann sie wollen, oder auch nur mit einer Tüte Chips vor dem Fernseher sitzen. Es gibt keinen, der es ihnen verbietet.

Manchmal ist Sex nicht schön

Sex sollte eigentlich Spaß machen und für beide etwas sehr Schönes sein. Zum Glück ist das auch bei fast jedem und fast immer so. Sex macht aber keinen Spaß mehr, wenn jemand dich zwingt, etwas zu tun, was du nicht möchtest. Es gibt viele Möglichkeiten, jemand anderen zu zwingen. Man kann z.B. sagen: „Wenn du das nicht tust, spiele ich nie wieder mit dir." Oder man verspricht ihm etwas Schönes: „Wenn du das tust, kriegst du mein ferngesteuertes Auto." So versucht man, jemanden zu überreden, etwas zu tun, wozu der andere gar keine Lust hat oder was sich der andere nicht traut. Wenn es dabei um Sex geht, um das Berühren eines anderen Körpers, dann ist das erst recht nicht in Ordnung. Sex macht nämlich nur Spaß, wenn ihr beide es gerne wollt und gerne tut.

Genauso wie du einen anderen nicht zwingen darfst, Sexsachen mit dir zu machen, darf auch dich niemand anders dazu zwingen. Dein Körper gehört dir. Du allein darfst bestimmen, ob dich jemand anfasst oder nicht. Niemand darf dich berühren, wenn du es nicht möchtest.

Es gibt Menschen, die merkwürdige Ansichten über Sex haben. Die wollen Sex mit Kindern. Sie möchten zum Beispiel den Körper eines Kindes streicheln oder es am Penis oder an der Vulva berühren. Oder sie wollen, dass das Kind dasselbe bei ihnen tut. Es kann jemand sein, den das Kind nicht kennt. Sie haben sich vorher noch nie gesehen. Jemand, der das Kind irgendwo anspricht, im Schwimmbad, im Park oder auf dem Spielplatz. Es kann ein Mann sein, aber auch eine Frau. Jemand, der sich ganz normal und nett benimmt. Der dir vielleicht alles Mögliche verspricht oder dich nach Hause bringen will. Wenn jemand nett zu dir ist, möchtest du auch nett sein. Vor netten Menschen hat man nicht sofort Angst. Logisch. Trotzdem darfst du nie mit jemandem mitgehen, den du vorher noch nie gesehen hast. Von dem du nichts weißt. Und wenn er noch so nett zu dir ist.

Es kann aber auch jemand sein, den du schon sehr lange und gut kennst, oder ein Verwandter, der etwas von dir verlangt oder machen will, was du nicht möchtest. Dann ist es noch schwerer, Nein zu sagen, denn vielleicht hast du die Person sogar sehr lieb und kommst dir so unfreundlich vor. Vielleicht hast du auch versprechen müssen, es nie weiterzuerzählen. Dann lebst du mit einem schlimmen Geheimnis.

Es gibt zwei Sorten von Geheimnissen: schöne und schlimme. Schlimme Geheimnisse musst du immer jemandem erzählen. Sprich mit einem Menschen darüber, dem du vertraust. Gemeinsam könnt ihr besser überlegen, was du tun kannst. Wenn du niemanden kennst, mit dem du dich zu reden traust, kannst du auch den Kinderschutzbund anrufen. Dort musst du deinen Namen nicht sagen, und die Leute vom Kinderschutzbund sind dazu da, dir zu helfen.

Die Telefonnummer ist:
030 2148090
Die Adresse lautet:
Deutscher Kinderschutzbund
Bundesverband e.V.
Schöneberger Str. 15
10963 Berlin

www.dksb.de
E-Mail: info@dksb.de

Kennst du Zoten?

Weißt du eigentlich, was eine Zote ist? Eine Zote ist ein Witz, der mit Sex zu tun hat. Sexwitz könnte man auch dazu sagen.

Manchmal sind Kinder neugierig auf Sex. Sie wollen alles darüber wissen. Und wenn sie nicht mit ihren Eltern darüber sprechen können, reden sie miteinander. Zum Beispiel erzählen sie sich Sexwitze. So können sie zeigen, dass sie schon viel über Sex wissen. Die Kinder, die nur

wenig darüber wissen, erfahren durch den Witz wieder etwas Neues.

Über Zoten kann man nicht immer lachen. Manche sind sogar unappetitlich, aber es macht trotzdem Spaß, sie zu erzählen oder zu hören. Um Zoten verstehen zu können, musst du schon ziemlich viel über Sex wissen. Aber wenn du dieses Buch ausgelesen hast, wirst du sicherlich die meisten Sexwitze verstehen.

Ein Mann und eine Frau gingen zum Arzt. Der Mann sagte: „Herr Doktor, wir wollen im Moment noch keine Kinder, aber wir sind sehr verliebt und haben große Lust, miteinander ins Bett zu gehen. Was sollen wir tun?"

Der Arzt dachte einen Moment nach und antwortete: „Ich gebe Ihnen ein Paar Holzschuhe. Sie sind mit einer Schnur zusammengebunden. Diese Holzschuhe muss Ihre Frau tragen, wenn Sie sich lieben. Dann werden Sie vorläufig keine Kinder bekommen."

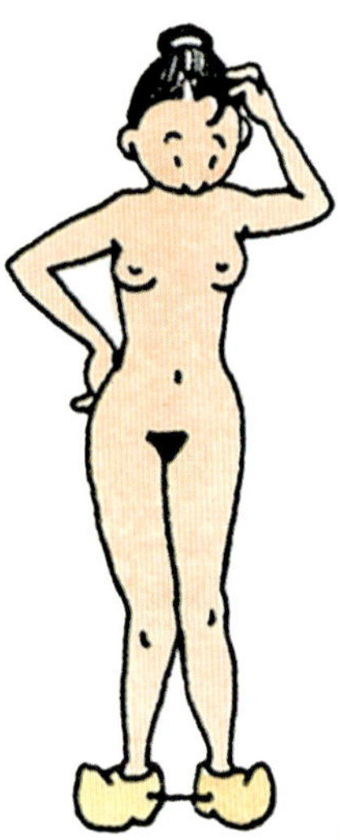

Der Mann und die Frau gingen zufrieden nach Hause. Aber nach ein paar Monaten kamen sie wieder zum Arzt. Die Frau war schwanger geworden.

„Haben Sie denn auch immer die Holzschuhe getragen, wenn Sie miteinander ins Bett gegangen sind?", fragte der Arzt die Frau. „Aber ja", sagte die Frau, „wir haben nur die Schnur durchgeschnitten; die war so lästig beim Lieben."

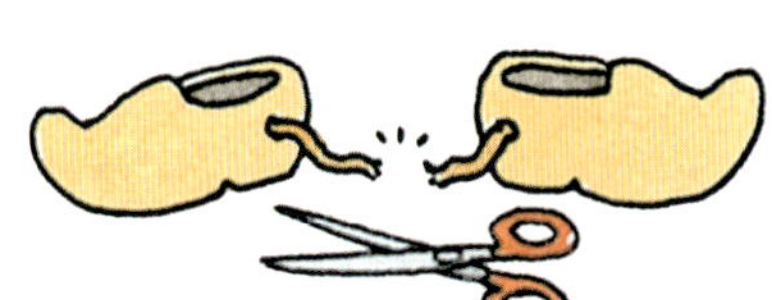

Klosprüche

Komisches Wort, was, Klosprüche? Das sind Wörter, die auf Klotüren oder -wänden oder Bauzäunen stehen. Meistens sind es Schimpfwörter, die mit Sex zu tun haben. Manche sagen auch „schmutzige Wörter“ dazu. Es gibt Kinder, die sich mit diesen Ausdrücken beschimpfen, und oft wissen sie nicht einmal, was sie da wirklich sagen. Wenn du weißt, was die Wörter eigentlich bedeuten, begreifst du vielleicht, dass es nicht nett ist, sich gegenseitig damit zu beschimpfen.

Andererseits ist es auch gut, „schmutzige Wörter“ zu kennen, denn stell dir mal vor, dass dir einer auf der Straße zuruft: „Na Schätzchen, wollen wir mal ’ne Runde bumsen?“ Dann weißt du wenigstens, dass du nicht gleich: „Ja, prima“, antworten solltest, denn es geht nicht um eine Runde Murmeln spielen.

Jetzt kommen ein paar von diesen Wörtern.

Arsch mit Ohren: Besonders dummer Mensch.
Arschloch: Idiot. Ist eigentlich der After.
bumsen: Dasselbe wie sich lieben, miteinander schlafen.
Fotze: Sehr grobes Schimpfwort für Frauen. Bedeutet dasselbe wie Vagina.
Hühnerbrust: Kleiner Busen oder schmaler Brustkorb.
Lesbe/Schnalle: Frauen, die sich in Frauen, oder Mädchen, die sich in Mädchen verlieben.
Möse: Vagina

Nutte, Dirne: Frau, die mit fremden Männern ins Bett geht und damit Geld verdient.
Pariser: Kondom
Scheiße, Shit: Quatsch, Mist, Pech.
Schlappschwanz: Feigling, Angsthase.
Schwuler, Schwuchtel: Männer, die sich in Männer, und Jungen, die sich in Jungen verlieben.
Titten: Brüste
sich verpissen: Sich aus dem Staub machen oder verschwinden.
vögeln: Dasselbe wie sich lieben.

Wörter, die mit Sex zu tun haben

Abtreibung: Schwangerschaftsabbruch durch einen Arzt. Wenn eine Frau aus irgendeinem Grund kein Baby haben kann oder möchte, kann sie nach einer eingehenden Beratung einen Schwangerschaftsabbruch vornehmen lassen. Dabei wird der Embryo durch Ausschaben oder Absaugen vom Arzt entfernt.
abwichsen/sich einen runterholen: Über den Penis reiben, weil es so ein prickelndes Gefühl gibt. Es sieht aus, als ob man am Penis zieht.
AIDS: Eine tödliche Krankheit, die man infolge einer HIV-Infektion kriegen kann, wenn man beim Lieben kein Kondom verwendet.
Antikonzeptivum: Verhütungsmittel, z.B. die Pille oder das Kondom. Wenn man diese Verhütungsmittel benutzt, kann man sich lieben, ohne dass dabei ein Kind gemacht wird. Es gibt noch andere Mittel, etwa die Spirale oder das Diaphragma, so eine Art Kondom für Frauen.

Befruchtung: Wenn die Samenzelle mit der Eizelle verschmilzt.
Brustwarze: Die hellbraune Spitze auf der Brust
Busen: Die Brüste der Frau
Eizelle: Einmal im Monat löst sich bei Frauen eine reife Eizelle, die sich zur Gebärmutter aufmacht.
Eierstock: In ihm sind die Eizellen.
Eileiter: Die reife Eizelle wandert vom Eierstock durch den Eileiter zur Gebärmutter. Die Befruchtung findet meistens im Eileiter statt.
Eisprung: Der Augenblick, in dem die reife Eizelle den Eierstock verlässt.
Ejakulation: Dasselbe wie Samenerguss
Embryo: So nennt man das Baby während der ersten drei Monate im Bauch der Mutter.
Erektion: Steifer Penis
Feuchte Träume: Wenn ein Junge nachts im Schlaf einen Samenerguss hat.

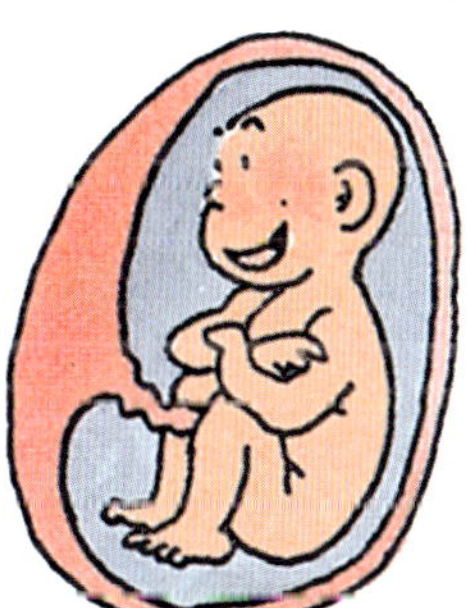

Fötus: So nennt man ein Baby im Bauch der Mutter nach den ersten drei Monaten der Schwangerschaft.
Gebärmutter: Sie ist birnenförmig und innen hohl und liegt im Bauch eines Mädchens oder einer Frau. Die befruchtete Eizelle nistet sich dort ein und dann wächst das Baby in der Gebärmutter.

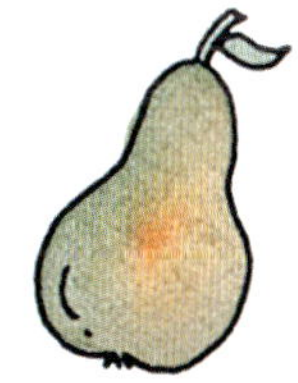

Genitalien: Geschlechts-, Fortpflanzungsorgane. Bei der Frau sind das die Vagina, die Gebärmutter, die Eierstöcke und die Eileiter. Beim Mann der Penis und die Hoden.
Geschlechtsteil: Beim Mann heißt es Penis, bei der Frau Vagina.
Geschlechtsverkehr: Sich lieben, miteinander ins Bett gehen

Geschlechtskrankheiten: Es gibt ansteckende Krankheiten, die man bekommen kann, wenn man sich ohne Kondom liebt. Man kann nicht immer sehen, ob jemand diese Krankheit hat. Manchmal weiß es derjenige selber nicht. Wenn man ein Kondom benutzt, steckt man sich meistens nicht an.
heterosexuell: Ein Mann, der sich nur in Frauen verliebt, und eine Frau, die sich nur in Männer verliebt.
HIV: Wenn man beim Geschlechtsverkehr kein Kondom benutzt, kann man sich mit dem HI-Virus (kurz HIV) infizieren. Dieser löst eine Krankheit aus, an der jährlich viele Menschen sterben: AIDS. Bisher gibt es noch keine Medizin, die Erkrankte vollständig heilt.
Hoden: Dort werden die Samenzellen eines Mannes produziert.

Hodensack: Er hängt zwischen den Beinen eines Jungen oder Mannes. Darin sind zwei Hoden, in denen von der Pubertät an Samenzellen produziert werden.
homosexuell: Ein Mann, der sich in Männer, oder eine Frau, die sich in Frauen verliebt.
Hormone: Stoffe im Körper, die unter anderem dafür sorgen, dass ein Mädchen zur Frau wird und ein Junge zum Mann.
Impotenz: Wenn ein Mann keinen steifen Penis kriegen und ihn deshalb nicht in die Vagina der Frau stecken kann.
Inzest: Geschlechtsverkehr zwischen nahen Blutsverwandten
Jungfernhäutchen: Kleines Häutchen in der Vagina. Fühlt sich an wie die Innenseite deiner Wange. Bei manchen Mädchen ist das Häutchen dünner, bei anderen etwas dicker. Du kannst es mit dem Finger ertasten.
Kitzler: Dasselbe wie Klitoris
Klitoris: Das Hügelchen auf der Vagina und zwischen den Schamlippen eines Mädchens ist der herausragende kleine Teil der Klitoris. Er ist eine sehr empfindliche Stelle.
Koitus: Dasselbe wie Geschlechtsverkehr
kommen: Dasselbe wie Orgasmus
Kondom: Eine Gummihülle, die über den Penis gestreift wird, wenn ein Mann und eine Frau sich lieben wollen, aber kein Kind möchten.

masturbieren: Über das Glied oder die Klitoris reiben oder streicheln, weil es ein angenehmes Gefühl ist.
Menstruation: Wenn die Eizelle nicht befruchtet wird, verlässt sie mit ein bisschen Schleim und Blut aus der Gebärmutter durch die Vagina den Körper.
Monatsbinde: Sie kommt während der Menstruation in den Slip.
Nebenhoden: Er liegt im Hodensack. Darin werden die reifen Samenzellen aufbewahrt.

onanieren: Dasselbe wie masturbieren oder sich selbst befriedigen
Orgasmus: Das allerschönste Gefühl, das man beim Miteinanderschlafen kriegen kann. Oder wenn ein Junge über seinen Penis reibt. Ein Mädchen kann einen Orgasmus bekommen, wenn es über den Kitzler reibt, der oben an der Vulva, zwischen den Schamlippen, liegt.
Ovulation: Dasselbe wie Follikel- oder Eisprung
Penis: Dasselbe wie Pimmel oder Glied
Porno, Pornografie: Auf Fotos oder in Filmen Dinge zu zeigen oder in Büchern zu beschreiben, die manche Menschen beim Lieben machen. Oft sind es auch

ganz unangenehme Dinge. Deshalb ist es für Kinder nicht gut, sie zu sehen oder zu lesen. In vielen Ländern ist Pornografie verboten.

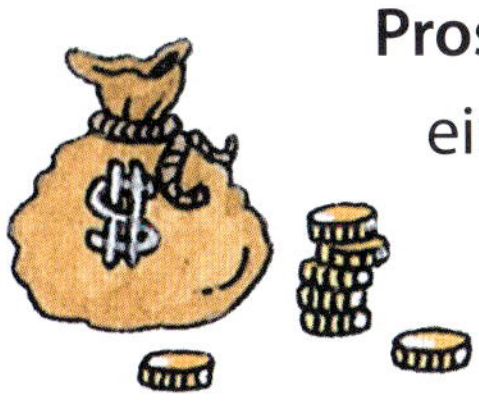

Prostituierte(r): Eine Frau oder ein Mann, die Geld verdienen, indem sie mit Fremden ins Bett gehen. Die Menschen bezahlen Geld, um mit diesem Mann oder dieser Frau zu schlafen.

Pubertät: Sie beginnt, sobald sich dein Körper verändert. Die Jungen haben ihren ersten Samenerguss, die Mädchen die erste Menstruation.

Safer Sex: Dafür sorgen, dass beim Lieben kein Kind gemacht wird und man keine Geschlechtskrankheiten oder AIDS bekommt. Gegen eine Schwangerschaft schützt die Pille am besten, gegen Geschlechtskrankheiten und AIDS das Kondom. Am sichersten ist es also, sich mit Pille und Kondom zu lieben.

Samenerguss: Wenn bei Männern das Sperma aus dem Penis kommt.

Samenzelle: Jeder Mann produziert täglich Tausende von Samenzellen.

Schamhaar: Die Haare um die Vulva oder den Penis.

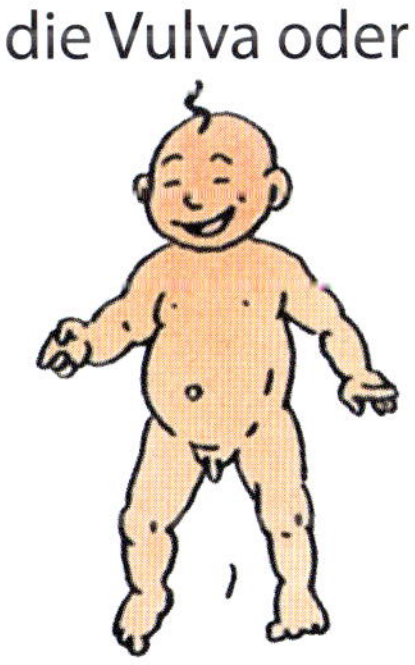

Schamlippen: Sie umschließen die Vulva.

schwanger: Wenn im Bauch einer Frau ein Baby wächst.

Schwangerschaft: Die Zeit, in der ein Baby im Bauch einer Frau wächst. Das sind meistens neun Monate.

seine Regel haben: Dasselbe wie Menstruation

Selbstbefriedigung: Dasselbe wie masturbieren

Sex-Hotline: Dort können Leute anrufen, um Sexgeschichten zu hören oder zu erzählen. Das Telefonat kostet mehr Geld als normal.

Sexueller Kontakt: Sich lieben, miteinander ins Bett gehen

Sexueller Missbrauch: Wenn ein Kind gezwungen wird, gegen seinen Willen bei sich oder anderen sexuelle Dinge zu tun oder anzusehen. (Lies auch, was im Kapitel „Manchmal ist Sex nicht schön“ steht.)

Sexshop: Geschäft, das Dinge verkauft, die manche Menschen beim Sex verwenden. Etwa Zeitschriften mit Pornofotos, Pornofilme oder spezielle Unterwäsche, die manche gern tragen, wenn sie sich lieben. Diese Läden sind für Kinder verboten.

Skrotum: Dasselbe wie Hodensack

Sperma: Die Flüssigkeit, die beim Samenerguss aus dem Penis kommt und die Samenzellen enthält.

Tampon: Kommt bei der Menstruation in die Vagina.

Testikel: Dasselbe wie Hoden

Unfruchtbarkeit: Wenn eine Frau keine Kinder kriegen oder ein Mann keine zeugen kann.

Vagina: Bezeichnet das innere Geschlechtsorgan bei Mädchen, sie verbindet die Vulva mit dem Gebärmutterhals.

Venushügel: Beim Mädchen der Bereich direkt über dem Anfang der Schamlippen. In der Pubertät wachsen dort die Schamhaare.

Verhütungsmittel: Dasselbe wie Antikonzeptivum

Vulva: Bezeichnet die äußeren Geschlechtsorgane (Schamhügel, Schamlippen und ein Teil der Klitoris).

Zungenkuss: Ein Kuss, bei dem man mit der Zunge in den Mund des anderen geht und bei dem die beiden Zungen sich berühren und miteinander spielen.